À M. LE PROFESSEUR H. ROSELLINI

MEMBRE DE L'INSTITUT DE CORRESPONDANCE
ARCHÉOLOGIQUE ETC. ETC.

SUR

L'ALPHABET HIÉROGLYPHIQUE

PAR

LE DR. RICHARD LEPSIUS

SECRÉTAIRE-RÉDACTEUR DE L'INSTITUT ARCHÉOLOGIQUE

AVEC DEUX PLANCHES

ROME 1837.

X
27868

LETTRE

SUR

L'ALPHABET HIÉROGLYPHIQUE

LETTRE

A

M. LE PROFESSEUR H. ROSELLINI

MEMBRE DE L'INSTITUT DE CORRESPONDANCE
ARCHÉOLOGIQUE ETC. ETC.

SUR

L'ALPHABET HIÉROGLYPHIQUE

PAR

LE DR. RICHARD LEPSIUS

SECRÉTAIRE-RÉDACTEUR DE L'INSTITUT ARCHÉOLOGIQUE

AVEC DEUX PLANCHES

———⬦———

R O M E 1837.

LETTRE

A M. LE PROFESSEUR H. ROSELLINI

SUR

L'ALPHABET HIÉROGLYPHIQUE.

Monsieur et très honoré ami ,

Je vous adresse l'exposé suivant comme une première preuve du désir que j'ai de contribuer aussi pour ma part, quelque peu que ce soit, aux progrès de la science dont vous fûtes toujours un des premiers appuis et dont vous êtes maintenant, depuis la mort prématurée de son illustre fondateur , le véritable représentant. Je vous devais cet hommage à plus d'un titre ; car d'un côté , si la place éminente que vous occupez dans les annales de la science égyptienne me fait ambitionner votre protection éclairée , de l'autre il me tardait de rencontrer une occasion naturelle de vous offrir un témoignage publique de reconnaissance pour tout ce que je vous dois d'instruction, de secours littéraires et d'encouragemens dans ces études qui m'appelèrent au printemps passé auprès de vous. Ayant visité et étudié alors, grâce à la munificence de l'Académie Royale de Berlin, les différens musées égyptiens de la France et de l'Italie et y ayant fait provision de la précieuse collection de dessins, calques et empreintes en papier, de presque tout ce qui s'y trouve de remarquable en fait d'inscriptions sur pierre, bois ou papyrus , je venais chez vous

6

pour apprendre à en profiter, et achever mon apprentissage dans cette science qui, jusqu'à présent, vit plutôt dans la tradition orale qu'elle n'est consignée dans les livres. L'accueil plus qu'amical que vous me fîtes alors, la joie profonde et sincère que vous m'exprimâtes de trouver quelqu'un qui, avec un vif amour pour la science, voulût participer à vos travaux, me laisseront des souvenirs bien chers pour toujours, en même temps que vos instructions précieuses et sans réserve, ainsi que le parfait et noble désintéressement avec lequel vous avez mis à ma disposition, non seulement les riches portefeuilles que vous aviez rapportés de l'Égypte, mais encore vos travaux manuscrits, surtout les vastes et précieux matériaux que vous avez rassemblés dans votre dictionnaire hiéroglyphique, m'imposeront le devoir bien doux de me rappeler à chaque pas que je fais dans ces études, que c'est à vous que j'en suis redevable plus qu'à moi.

Il y a enfin une troisième considération qui me porte à vous adresser ces pages, et qui s'unit à la raison particulière qui m'a engagé à les écrire. L'Institut Archéologique vous compte parmi ses membres les plus illustres et les plus bienveillans. Il s'agirait maintenant d'adjoindre une nouvelle branche de l'archéologie aux études actuelles de notre Institut, une branche dont les matériaux les plus vastes et leur critique la plus savante se trouvent déposés dans votre magnifique ouvrage: *I monumenti dell' Egitto e della Nubia*. Ne nous convenait-il donc pas de nous adresser de préférence à vous, pour nous assurer de votre approbation, de vos bons conseils et de votre coopération éclairée dans la réalisation de ce projet qui vous parût, lors de mon séjour auprès de vous, si bien à propos et d'une si grande importance sous tous les rapports?

En effet, l'introduction de l'archéologie égyptienne dans le cercle des réflexions, si non des occupations ha-

bituelles du public archéologique de toute l'Europe, ré-
clamée, comme elle l'est, par la position même que la
science égyptienne a acquise en peu d'années, ne serait
pas seulement un événement heureux pour cette science
elle-même, qui certainement a besoin avant tout d'une coopération plus générale, mais encore elle ferait espérer que
les archéologues grecs et romains pourraient reprendre de
nouveau en considération une foule de questions du plus
haut intérêt pour l'histoire des arts et de toute la civilisation des peuples anciens.

Devrais-je rappeler ici les rapports intimes et conti-
nuels qui existent entre la mythologie égyptienne et grecque, ou les rapports historiques qui, regardés presque
généralement par la critique moderne comme des fables
sans aucun fondement, ont gagné cependant une toute autre importance depuis les dernières recherches sur l'histoire et la civilisation de l'Égypte ; devrais-je énumérer
tous ces rapports frappants qu'on ne saurait plus se défen-
dre d'établir entre les différentes branches de l'art égyptien et grec ? Devrais-je parler du génie admirable et in-
contesté que les Égyptiens ont manifesté dans leurs constructions architectoniques, chefs-d'œuvre qui du côté de la
grandiosité de la conception et de la magnificence de l'exé-
cution n'ont pas même été surpassés par les Grecs et Romains ; ou bien de l'apparition isolée, mais non moins in-
téressante pour cela, d'un ordre d'architecture qui, à première vue, ressemble à s'y méprendre à l'ordre dorique
des Grecs, bien qu'il appartienne à une époque reculée
de 2000 ans av. J. C. ; ou de la construction du véritable arc, remontant en Égypte au 17me siècle avant notre
ère. Devrais-je parler de l'esprit grave et imposant qui caractérise leur sculpture et dont le mérite particulier est
aujourd'hui si souvent méconnu, faute du rapprochement
des meilleurs exemples et d'un juste point de vue pour

8

des apprécier ; ou bien du développement remarquable et
de l'emploi général de leur peinture, compagne constante de
leur architecture et de leur sculpture et souvent employée
isolément à des compositions historiques sur les parois des
tombeaux et des temples ; ou enfin de la netteté et du fini
étonnant de leur gravure en pierre et en toute sorte de
matière? Il me faudrait à la vérité passer en revue tous les
arts et leurs différentes branches, pour faire comprendre
combien d'idées artistiques et combien de formes plus ou
moins essentielles, qui jusqu'ici passaient généralement pour
des inventions purement grecques avaient été développées
et pratiquées en Égypte, longtemps avant qu'on pût parler
d'une civilisation, ou même d'une population grecque, et pour
pouvoir prouver que notamment tout ce qui appartient à
la technique des arts et métiers a été perfectionné en Égypte, dans les plus anciens temps, à un point qui fut à peine
atteint par les Grecs et Romains.

Mais il n'est plus temps de sonnailler avec des gé-
néralités et d'indiquer de loin tous ces fruits à cueillir,
lorsque les matériaux les plus riches sont déjà mis à notre
disposition dans les magnifiques recueils de l'ancienne et
de la nouvelle expédition de l'Égypte, ni lorsque les musées de l'Europe rivalisent, en mettant sous les yeux de tout
le monde les précieux restes de l'antiquité égyptienne,
et que le voile mystérieux qui cachait jusqu'ici le sens des
milliers d'inscriptions dont ils sont couverts s'est levé. Il
est temps au contraire de descendre dans les détails, de faire
connaître et de discuter chaque point en particulier, il est
temps enfin de s'occuper sérieusement, et en commun, de
l'art le plus ancien qui nous ait laissé des monumens et des
monumens parlans; d'un art, qu'on ne rangera pas en même
ligne avec celui des Chinois, ou des Indiens qui restera et
doit rester pour toujours hors du cercle de nos intérêts généraux, comme étant étranger et sans aucune influence per-

ceptible sur les arts des Grecs et Romains, modèles de l'art moderne ; mais, d'un art qui a précédé de beaucoup, qui a accompagné jusqu'à la fin, et qui a influé très essentiellement sur celui des Grecs ; d'un art qui, pour la première fois dans l'histoire de la civilisation humaine, a développé un élément idéal et forme par conséquent le premier anneau de la longue chaîne de l'histoire de l'art à laquelle nous travaillons nous-mêmes à ajouter un nouveau chaînon. Voilà pourquoi l'émancipation de l'archéologie égyptienne serait un objet digne de fixer l'attention et de capter les suffrages du public archéologique.

Vous savez, Monsieur, que la première conception de ce projet, ainsi que sa poursuite constante et active, appartiennent à notre illustre secrétaire général, Monsieur le chevalier Bunsen. C'est à lui aussi qu'appartiendra la plus belle et la plus glorieuse partie de sa réalisation qui dépendra principalement de la base, plus solide et plus large, qu'il donnera à la chronologie égyptienne, au moyen de la critique approfondie et, je puis dire, énergique qu'il a entreprise pour le rétablissement définitif des dynasties égyptiennes ; s'appuyant toujours sur les résultats brillans et durables de la critique monumentale que vous avez exercée le premier dans toute son étendue, et avec tant de succès dans les deux volumes historiques, qui servent comme d'introduction à votre magnifique ouvrage. Je n'ai rien à ajouter sur le plan proposé à cet effet par M. le secrétaire général, dans son discours lu à la séance publique de l'Institut le jour anniversaire de la fondation de Rome le 21. avril 1833 (1), si non le désir que la part que je suis appelé à prendre à cette œuvre soit remplie d'une manière digne d'elle et digne des hautes vues qui l'ont conçue. La question y a été nettement posée.

(1) Voy. les Annal. de l'Inst. 1834. p. 87, suivo.

10

Pour que nos lecteurs puissent prendre part aux communications et discussions sur l'archéologie égyptienne avec connaissance de cause, avec fruit et avec cette confiance dans la base philologique, sans laquelle tout intérêt à ces études serait vain et même méprisable, il faudra leur faire connaître en deux articles préliminaires

1. l'alphabet hiéroglyphique, notamment la partie la plus nécessaire pour pouvoir lire les cartouches royaux et 2. un aperçu sur la chronologie égyptienne, fondement indispensable de toute recherche sur l' histoire de l' art chez les Égyptiens, dont nous tâcherions alors dans un 3me article général, d'établir le caractère particulier et les différentes époques.

J'essayerai donc de remplir anjourd'hui la première des tâches que nous nous sommes imposées en présentant à nos lecteurs un aperçu de l'écriture hiéroglyphique, propre d'abord à leur faire connaître la base philologique de toute la science hiéroglyphique, particulièrement destiné ensuite à les mettre en état de lire les noms royaux, et pouvant peut-être contribuer aussi à avancer la science elle-même, par une classification plus exacte qu'elle n'existait jusqu'ici, et par quelques observations nouvelles que j'espère y pouvoir insérer.

Découverte des hiéroglyphes phonétiques.

1. On me pardonnera de revenir d'abord encore une fois, en peu de paroles, sur la première découverte des hiéroglyphes phonétiques ou signes de sons, découverte qui, petite et peu apparente en elle-même, a cependant opéré en peu d'années ce grand changement dans nos connaissances sur l'ancienne Égypte, changement qui équivaut à une nouvelle découverte de ce pays merveilleux.

Ce fut en 1819. que le Dr. Young (2) déclara le premier que les cartouches, ou encadremens elliptiques, dans le texte hiéroglyphique de l'inscription de Rosette, correspondaient aux noms propres grecs et particulièrement à celui de Ptolémée du texte grec, et aux groupes, du même nom, dans le texte intermédiaire en écriture égyptienne démotique ou vulgaire, groupes qui avaient été déjà reconnus et décomposés par MM. Silvestre de Sacy et Akerblad. Il allait encore plus loin en supposant que chaque signe du cartouche représentait un son du nom de Ptolémée et en cherchant à les définir réellement un à un par une analyse très ingénieuse. Il s'était aperçu que l'écriture de certains papyrus funéraires était très analogue à l'écriture intermédiaire de l'inscription de Rosette et que ces papyrus correspondaient à leur tour, souvent signe par signe, à des papyrus hiéroglyphiques du même contenu. En traduisant ainsi, moyennant l'écriture cursive des papyrus, le nom démotique de Ptolémée en hiéroglyphes, il avait la satisfaction de voir se reproduire à peu près le groupe du cartouche à analyser. Mais ce procédé était trop compliqué et reposait sur la supposition d'une affinité plus grande qu'elle n'était entre l'écriture démotique de la pierre de Rosette et l'écriture cursive des papyrus. Plusieurs signes avaient été faussement interprétés et la preuve la plus évidente en était qu'il ne réussissait pas à lire d'autres noms que ceux de Ptolémée et de Bérénice. Il faut donc avouer que, malgré cette découverte, les opinions du Dr. Young, sur la nature du système hiéroglyphique, étaient encore essentiellement fausses et que cette découverte elle-même serait probablement restée infructueuse et à peine signalée comme découverte dans la science, si on avait suivi le chemin que son auteur lui-même avait proposé.

(2) Supplement of the fourth and fifth editions of the Encyclopaedia Britannica. Edinburgh. 1819. vol. IV. 1. partie.

2. Champollion arrivait quelques années plus tard à un résultat d'autant plus satisfaisant et plus assuré que les moyens d'y parvenir étaient plus simples et moins exposés à des méprises. Il partit de la comparaison de deux noms hiéroglyphiques dont il avait déterminé la lecture d'avance avec une très grande probabilité. L' obélisque de Philæ, qui avait été transporté à Londres , contenait aussi le nom d'un Ptolémée écrit par les mêmes signes que dans l'inscription de Rosette. A la suite de ce nom se trouvait un autre cartouche royal. Or , l' inscription grecque du socle de cet obélisque , copiée par M. Caillaud en 1816. et publiée plus tard par M. Letronne, contenait une supplique des prêtres d'Isis à Philæ adressée au roi Ptolémée, (Évergète II) à Cléopatre sa sœur et à Cléopatre sa femme. Il était donc à présumer que le second cartouche de l' obélisque renfermait le nom d'une Cléopatre , d'autant plus, qu'on avait déjà remarqué les deux signes , le *segment de sphère* et *l'œuf*, qui finissaient le nom supposé de Cléopatre , à la suite de plusieurs autres noms féminins , surtout des noms de déesses. La comparaison des deux noms de Ptolémée et de Cléopatre (3), qui avaient cinq lettres communes, devait immédiatement décider si la supposition était vraie ou non ; et voici la comparaison qu'il établissait.

Le premier signe, dans le nom de Cléopatre, qui représente un *genou*, ΚΕλΓ (4) en égyptien, devait correspondre au K du nom de Cléopatra et ne devait par conséquent pas se trouver dans le nom de Ptolémée ; il ne s'y trouve pas en effet.

Le second signe , une *lionne couchée*, λᴂϐοΓ, se trouve comme seconde lettre dans le nom de Cléopatre et comme quatrième dans celui de Ptolémée.

(3) Voy. pl. A. n. X.
(4) Voy. les lettres coptes pl. A. n. I. et pl. B. n. I.

Hérodote nous disant déjà que les Égyptiens écrivaient de droite à gauche, on ne pouvait pas hésiter entre lequel des deux signes suivans précédait l'autre. Celui de droite représente une *feuille de roseau*, ⲁⲕⲉ. Il se trouve redoublé à la fin du nom de Ptolémée ; ici, il correspond à l'E de Cléopatre, là à la voyelle composée AI ou AIO de Ptolemaios.

Le quatrième signe, une *fleur* sur une tige recourbée, doit représenter l'O dans le nom de Cléopatre et doit se retrouver, comme troisième signe, dans le nom de Ptolémée ; il s'y retrouve en effet.

Le cinquième, un *carré* un peu oblong, représente le P en Cléopatre, le P en Ptolémée.

Le sixième, un oiseau qu'on reconnaît facilement dans des représentations plus exactes pour un *aigle*, ⲁϩⲱⲙ, ne doit pas se trouver dans le nom de Ptolémée, mais bien à la fin de Cléopatra, et il s'y retrouve à la vérité.

Le T qui suit est représenté ici par une *main*; la seconde lettre au nom de Ptolémée au contraire par un *segment de sphère*. C'était la seule lettre qui aurait pu choquer le décompositeur, qui ne savait pas encore que la même lettre pouvait être représentée de différentes manières. Le T, représenté par la *main*, était cependant confirmé par le nom égyptien de la main qui est ⲧⲟⲧ, et le T, dans Ptolémée, par le même signe à la fin du nom de Cléopatre qu'on avait déjà reconnu auparavant comme désignant le genre féminin, ⲧⲉ en copte.

Le signe qui suit et qui représente une *bouche*, ⲣⲟ en égyptien, occupe la place de l'R et ne se trouve pas dans Ptolémée qui n'a pas d'R.

L'*aigle* reparaît pour la seconde fois.

Le *segment de sphère* et l' *œuf* ont déjà été mentionnés.

Dans le nom de Ptolémée ne restaient par conséquent que le cinquième et le dernier signe à expliquer ; tous les autres s'étaient reproduits dans le nom de Cléopatre. Le cinquième devait représenter un **M**, le dernier un **S**. La voyelle brève entre L et M était omise comme on le trouve souvent aussi dans la langue copte.

Champollion avait gagné ainsi la valeur très probable de douze signes hiéroglyphiques, et elle devait devenir incontestable, si, à l'aide de cet alphabet, on parvenait à lire d'autres noms royaux, renfermés en cartouches. J'ai ajouté sur notre planche le troisième nom, qu'il comparait aux deux précédens, celui d'Alexandre, qu'il avait trouvé dans la Description de l'Égypte. On voit facilement que celui-ci confirme parfaitement la lecture des lettres **A**, **L**, **S**, **T** et **R** connues précédemment, et qu'en outre il enseignait trois signes de plus, la *ligne brisée* pour **N**, le *vase à anneau*, signe homophone du *genou*, pour **K**, et le dernier signe représentant un *verrou*, homophone du *dos de chaise*, pour **S**.

3. Ces analyses, ainsi que plusieurs autres résultats de la plus haute importance furent publiés par Champollion dans sa célèbre *Lettre à M. Dacier* en 1822. Deux ans plus tard parut son *Précis du Système hiéroglyphique* dans lequel il développa pour la première fois l'ensemble des principes qu'il avait reconnus dans l'écriture égyptienne.

La lecture de ces trois noms le conduisit successivement à la lecture des noms des empereurs romains, des Ptolémées, des rois de Perse maîtres de l'Égypte, et d'une série d'anciens pharaons qui remonte presque sans interruption jusqu'à 20 siècles avant J. C. et à laquelle il faut ajouter un certain nombre de rois, encore plus anciens, dont nous ne pouvons pas, jusqu'à présent, fixer exactement la succession.

Cette simple liste de rois relevée des monumens authentiques et contemporains de l'Égypte, confirmée pleinement et complétée par les extraits que nous possédons de l'histoire égyptienne de Manéthon , nous donne une chronologie de ce peuple comme nous ne la possédons d'aucun autre peuple de l'antiquité, ni sous le rapport de l'étendue, ni sous celui de l'authenticité.

Cette chronologie enfin s'applique immédiatement, non seulement à l'histoire générale de ce peuple , mais surtout , ce qui nous intéresse ici plus particulièrement, à l'histoire de l'art égyptien. Car nous trouvons presque sur tous les monumens grands et petits , publics et privés, des noms de rois qui nous apprennent sur le champ dans quel temps chaque monument fut travaillé.

C'est donc seulement la lecture des noms propres et encore plus spécialement des noms propres de rois qui, constamment séparés par cet encadrement qu' on appelle cartouche, ne donnent lieu à aucune méprise, c' est cette lecture , dis-je , qui nous procure immédiatement l'immense avantage de pouvoir classer chronologiquement et avec certitude la plupart des monumens égyptiens, soit historiques, soit civils ou religieux qui sont parvenus jusqu'à nous. Voilà l'avantage que chacun de nos lecteurs peut se procurer, avec très peu de peine , sans avoir besoin d'étudier à fond la langue copte ni même de se familiariser avec tous les détails du système hiéroglyphique ; et voilà l'avantage dont nous voudrions, par l'article présent, leur faciliter l'accès.

4. Il y a un champ beaucoup plus vaste qui ne sera accessible que pour ceux qui s'en occupent plus exclusivement ; car la découverte des hiéroglyphes phonétiques a jeté en même temps les fondemens d'une philologie égyptienne reposant sur une connaissance approfondie de la langue copte et sur une étude comparative et souvent très compliquée des trois écritures égyptiennes. Après que la lecture des noms royaux eut fait connaître un alphabet assez nombreux d'hiéroglyphes phonétiques , il était bien

16

naturel d'appliquer ce même alphabet à d'autres groupes
composés des mêmes caractères; et l'on trouvait d'abord
un nombre de noms propres romains , grecs et égyptiens,
qui n'étaient pas renfermés dans des cartouches, comme le
sont les noms royaux. Bientôt aussi on s'apercevait que
d'autres groupes contenaient des mots qui se retrouvaient
dans la langue copte, et, bien qu'il restait toujours encore une quantité de signes symboliques, dont le déchiffrement exigeait une nouvelle espèce de recherches philolo-
giques, le fait est cependant, que nous connaissons déjà
plusieurs milliers de groupes, formant un dictionnaire assez considérable et, en outre, toutes les désinences et formes grammaticales des noms et des verbes, ainsi que les
prépositions et conjonctions, en un mot tout ce qui constitue une grammaire égyptienne hiéroglyphique. Notre exposition donnera aussi une idée des fondemens de cette
partie de la science hiéroglyphique en tant qu'elle repose
sur le système de l'écriture seulement. Je n'ai pas besoin
de rappeler à nos lecteurs que c'est la Grammaire Égyptienne de Champollion (5), ouvrage posthume, mais entièrement achevé par son auteur et dont nous attendons
avec impatience la seconde partie, que c'est cet ouvrage,
dis-je, étonnant sous tous les rapports qui fera connaître au
monde savant, jusqu'à quel point la science hiéroglyphique, partie de la lecture du nom de Ptolémée sur la pierre de Rosette, a été poussée, dans le court espace de
huit ans, par son célèbre fondateur. Elle sera pour toujours
l'ouvrage fondamental de la philologie égyptienne, comme la Description des Monumens de l'Égypte et de la Nu-

(5) Grammaire Égyptienne ou Principes généraux de l'écriture sacrée égyptienne appliquée à la représentation de la langue parlée par *Champollion le jeune*. Paris. (prem. Part.) 1836.

bie (6) le sera pour l'archéologie égyptienne prise dans le sens le plus étendu du mot.

Sur les différentes écritures des Égyptiens en général.

5. La littérature égyptienne nous est parvenue en quatre écritures différentes qu'on appelle *hiéroglyphique*, *hiératique*, *démotique* et *copte*, et l'on croit communément que ces quatre écritures ne renferment qu'un seul et même langage. Je tâcherai de donner ici une classification plus exacte.

Les Égyptiens avaient de bonne heure *deux écritures* nationales, *l'écriture sacrée* (γράμματα ἱερά (7), ἱερογραφικά (8), Θεῶν γράμματα (9), γρ. ἱερογλυφικά (10)), et *l'écriture populaire* (γρ. δημοτικά (11), δημώδη (12), ἐγχώρια (13), ἐπιστολογραφικά (14)). La première, dont

(6) I Monumenti dell'Egitto e della Nubia disegnati dalla spedizione scientifico-letteraria toscana in Egitto, distribuiti in ordine di materie, interpretati ed illustrati dal dott. *Ipp. Rosellini*. Pisa. 1832-1836. *Texte* vol. I-V. *Atlas* Tom. I. *Monumenti Storici* pl. I-CLXIX. Tom. II. *Mon. Civili* pl. I-CXXXV. Tom. III. *Mon. di Culto*. pl. I-XIII. On trouvera une notice sur les publications relatives à l'antiquité égyptienne qui ont paru depuis l'année 1833 dans la Revue Générale du Bulletin de décembre 1836. p. 184. suiv. et p. 215. suiv.

(7) Hérod. 2,36. Diod. 3,3. Inscr. de Ros. 1. 54.

(8) Manéth. ap. Syncell. Chron. p. 40.

(9) Id.

(10) Clém. d'Alex. Strom. V. 657. Car chez le Syncelle p. 40. ce n'est qu'une glose du mot ἱερογραφικά qui précède.

(11) Hér. 1. 1.

(12) Diod. 1. 1.

(13) Inscr. de Ros. 1. 1. et Inscr. de Turin.

(14) Clém. d'Al. 1. 1.

tous les caractères représentent des objets plus ou moins
reconnaissables, se voit sur tous les monumens sculptés ou
peints, ainsi que dans une foule de papyrus écrits ; la seconde est cette écriture qu'on ne voit, à peu d'exceptions
près, que dans les papyrus.

A la place de la seconde écriture, Clément d'Alexandrie nous nomme deux subdivisions, l'écriture *hiératique* ou sacerdotale (ἱερατικὴ μέθοδος) et l' écriture *épistolographique* (ἐπιστολογραφικὴ μ.) Ces deux subdivisions
aussi ont été retrouvées par Champollion sur les monumens.

Depuis le 3me siècle de notre ère les chrétiens de l'É-
gypte dits Coptes adoptèrent l'écriture grecque, augmentée
de quelques signes hiératiques, pour des sons qui leur étaient
particuliers (15). C'est ce qu'on appelle l' écriture *copte.*

6. Les Égyptiens avaient aussi *deux dialectes* bien
distincts, savoir l'ancien dialecte classique et *sacré* (ἱερὰ
γλῶσσα (16), ἱερὰ διάλεκτος (17)) et le dialecte *populaire*

(15) On trouve sur notre planche B. n. 1. les six lettres coptes
avec les caractères hiéroglyphiques et hiératiques correspondans.
Les lettres ⳉ, ϥ, ϧ n'ont pas besoin d'explication. Le ⳉ ne
dérive ni de la *corde nouée*, ni du *méandre* pl. A. I. 15. ; tous les
deux diffèrent beaucoup dans l'écriture hiératique. Il dérive plutôt de l'aigle, dont la forme hiératique lui ressemble parfaitement;
nous verrons plus bas que l'aigle désigne originairement comme
tous les autres signes-voyelles une aspiration. Le ϫ se retrouve entièrement dans le signe hiératique de la *queue du crocodile*. Je
ne crois cependant pas que ce soit le même signe, mais un autre
qu'on a pu employer quelques fois à sa place bien qu'il nous soit
encore inconnu. La lettre ne diffère pas beaucoup, quant à la
prononciation, de la suivante ϭ; elles se remplacent l'une par
l'autre souvent dans les différens dialectes coptes, et se trouvent
ordinairement rendues toutes les deux en hiéroglyphes par le
vase à anneau, duquel dérive la forme du ϭ.

(16) Manéth. ap. Jos. c. Ap. p. 445.

(17) Man. ap. Syncell. Chron. p. 40.

(κοινὴ διάλεκτος (18)) L'écriture *sacrée*, ainsi que l'écriture *populaire-hiératique*, nous présente de tous temps le dialecte *sacré*; et l'écriture *populaire-épistolographique* ainsi que la littérature *copte* nous présente le dialecte *populaire* (19).

Les hiérogrammates devaient de bonne heure sentir le besoin d'avoir à côté de l'écriture sacrée et éminemment monumentale des hiéroglyphes une écriture cursive pour l'usage privé et pour les livres, soit sacrés soit scientifiques. Aussi trouvons-nous des manuscrits hiératiques depuis l'époque florissante de la 18me dynastie, et il est bien probable que son usage remonte encore plus haut. Nous possédons des manuscrits historiques, astrologiques, magiques, des régistres de comptabilité, et surtout une grande quantité de manuscrits funéraires en écriture hiératique. Ces derniers appartiennent presque tous au grand rituel funéraire, le même que nous possédons aussi en écriture sacrée ou hiéroglyphique et dont l'exemplaire complet, existant à Turin, contient près de 150,000 caractères. La confrontation de ce texte étendu, répété dans une foule d'exemplaires, nous met par conséquent en état de connaître l'écriture hiératique tout aussi bien que l'écriture hiéroglyphique, et elle nous apprend qu'il n'y a absolument aucune différence de dialecte entre ces deux classes de manuscrits. La différence ne regarde que l'écriture en elle-même, savoir sa direction, le tracé des signes, leur arrangement calligraphique et l'emploi plus fréquent ou plus rare de certaines espèces de signes.

7. Du temps des Psamétiques au 6me ou à la fin du 7me siècle av. J. Chr., nous rencontrons les premiers manuscrits de cette écriture, qu'on appelle *démotique* d'un

(18) Manéth. ap. Ios. l. l.

(19) Voy. sur la différence des opinions émises ici, d'avec celles reçues jusqu'à présent, l'Appendix not. A.

nom trop général, comme nous avons vu. Outre une trentaine de papyrus contenant des contrats, des lettres et autres
pièces judiciaires, nous connaissons encore plusieurs dé-
crets en écriture démotique sculptés sur pierre et avec la
traduction grecque, comme la pierre de Rosette et celle du
musée de Turin. L' aspect extérieur de cette écriture ne
diffère presque pas, à la première vue, de l'écriture hiératique (20); mais un examen plus attentif nous montre
des caractères plus cursifs en général et plusieurs altéra-
tions de différentes lettres en particulier. La différence la
plus essentielle, et qui sans doute a motivé les autres al-
térations extérieures, est cependant celle du dialecte. On
comprend que la stabilité du dialecte sacré, religieusement
observé dans les monumens écrits, ne pouvait pas arrêter
la marche de la langue parlée. Plus la langue écrite et
la langue parlée du peuple s' éloignaient l' une de l' autre, plus le besoin devait se faire sentir d'une nouvelle orthographe, plus adaptée à la langue populaire que n'était
l'écriture du dialecte sacré. Or, cette circonstance que,
dans les anciens temps, le même dialecte et la même écriture servaient pour tous les usages et que seulement depuis Psamétique l' écriture hiératique et le dialecte sacré
se trouvent exclusivement employés pour les écrits d'une
nature sacrée ou scientifique, tandisque l'écriture démotique
et le dialecte populaire au contraire ne servaient qu'à la
vie civile et privée, me fait soupçonner que la séparation des deux dialectes s'est principalement effectuée dans

(20) Voy. les échantillons des trois écritures sur notre planche B. n. 2. J'ai choisi pour cela un passage de l'Inscription de
Rosette dont j'ai donné le texte hiéroglyphique qui se trouve sur
la pierre l. 6., la transcription en caractères hiératiques, la transcription en lettres coptes, le passage correspondant du texte
démotique l. 22., la traduction en copte, le passage correspondant du texte grec l. 38., et la traduction française.

les siècles de décadence, entre la 20me et 26me dynastie qui nous ont laissé si peu de monumens. Les deux écritures restent en usage, et l'écriture sacrée avec elles, jusqu'au commencement du 3me siècle de notre ère. Les derniers cartouches hiéroglyphiques que nous connaissions, nomment les empereurs Caracalla et Géta ; le dernier manuscrit, mélangé d'écriture hiératique et démotique, paraît être le célèbre papyrus à transcriptions num. 65. et 75. du musée de Leide, appartenant, d'après M. Reuvens, au commencement du 3me siècle. La littérature copte commence bientôt après, et ce n'est qu'au 11me ou 12me siècle, que la langue égyptienne cesse d'appartenir aux langues vivantes. Quelle moisson immense ne promet pas l'étude historique de cette langue, dont nous possédons une suite, presque non interrompue de plus de 3000 ans, de monumens authentiques, dont nous connaissons trois phases successives, marquées par trois écritures, toujours spécialement adaptées, et qui nous présente encore le grand avantage d'une comparaison de trois dialectes contemporains, bien distinctement marqués, au moins dans la langue copte !

Alphabet hiéroglyphique.

8. Après avoir parlé des différentes écritures en général, je me bornerai dès à présent à l'écriture sacrée ou hiéroglyphique seule.

Un des embarras les plus grands pour tous ceux qui désirent se familiariser avec les découvertes de Champollion, est sans doute ce mélange curieux de signes, d'une nature toute différente, qui composent un seul et même alphabet. On se demande s'il était possible de se retrouver dans une écriture qui embrassait à la fois des images, des symboles et des caractères phonétiques, ou signes de sons ?

22

On le trouve encore d'autant plus étrange que par fois le même caractère peut changer de signification et on est tout épouvanté d'un alphabet purement phonétique de plus de 200 lettres, représentant 16 à 20 différentes articulations de la langue parlée.

Quant à la prétendue incompréhensibilité d'un système pareil, nous n'aurions qu'à nous en rapporter aux faits irrévocablement démontrés pour tous ceux qui les ont examinés de plus près. Mais je crois que l'on peut répondre à cette objection à priori d'une manière plus digne de la science, en faisant comprendre, par une analyse raisonnée, que l'ensemble de ces signes, si variés, n'est point un assemblage arbitraire et confus, ni le choix prémédité d'un inventeur qui ne savait imaginer une manière plus simple, mais que c'est un *organisme*, c'est-à-dire un tout, qui porte sa vérité et sa nécessité en lui-même, comme chaque organisme qui se développe dans le temps, d'après des lois internes et invariables. On n'a besoin que de décomposer un organisme, de l'anatomiser en recherchant les rapports de tous ses détails pour se convaincre de sa réalité et pour le comprendre autant qu'il nous est possible de comprendre un organisme.

Une simple division, plus exacte qu'on ne l'a faite jusqu'ici, une distinction plus détaillée de toutes les parties qui composent le système hiéroglyphique, seront déjà un grand pas pour faire comprendre non seulement la possibilité, mais encore la nécessité, l'économie et même l'extrême beauté de cet organisme qui paraît si compliqué, pour ne pas dire confus, au premier abord. Ici, ou jamais, s'applique la maxime *Qui bene distinguit, bene docet.*

9. *Division générale.* Champollion divise tous les signes hiéroglyphiques en trois classes, savoir :

en caractères *figuratifs* ou *mimiques*, qui peignent l'objet même qu'on veut exprimer, en caractères *tropiques* ou *symboliques,* qui indiquent l'objet ou l'idée qu'on veut exprimer d'une manière indirecte, et

en caractères *phonétiques* ou *signes de son,* qui représentent de véritables lettres alphabétiques.

C'est à peu près la division de Clément d'Alexandrie excepté que celui-ci embrasse, sous le nom commun de *symbolique,* les caractères *figuratifs* et *tropiques* de Champollion, dont il ne fait que des subdivisions en y ajoutant une troisième subdivision qu'il appelle *énigmatique,* c'est-à-dire des caractères dans lesquels on ne reconnaît plus les rapports physiques ou imaginaires d'avec les objets ou idées qu'ils expriment.

10. La division de Clément me paraît à la vérité préférable, vu que les signes figuratifs et tropiques ne forment qu'une seule classe vis-à-vis des signes phonétiques, en cela qu'ils ne représentent qu'un seul degré de perfectionnement dans l'histoire générale de toute l'écriture. Car les degrés de perfectionnement d'une écriture doivent s'apprécier d'après ses rapports plus ou moins intimes avec la langue parlée ; et, comme chaque langue est composée, d'après sa nature, de mots exprimant des objets physiques et de mots exprimant des idées abstraites, et que les signes tropiques sont, pour les idées abstraites, absolument ce que les signes figuratifs sont pour les objets physiques, il ne peut pas y avoir d'écriture qui ne renferme, dès son origine, ces deux espèces de signes. Le point essentiel et historique est que toutes les deux espèces correspondent à des *mots entiers* dans la langue parlée et non à des syllabes, ou lettres séparées. J'appellerai, pour éviter tout malentendu, cette classe *idéographique,* en laissant subsister les subdivisions utiles des caractères *figuratifs* et *tropiques.*

L'écriture idéographique et phonétique sont les deux limites qui embrassent toutes les écritures que nous connaissons chez d'autres peuples. Mais il importe de connaître les différens degrés intermédiaires pour comprendre le progrès successif, non seulement de l'écriture égyptienne, mais de l'écriture en général, vers le phonétisme dont nous voyons le développement le plus parfait dans les écritures européennes.

I. *Caractères idéographiques.*

11. On a souvent demandé s'il serait raisonnable de croire que l'écriture égyptienne ait été jamais purement idéographique. Le fait est que nous ne la trouvons jamais telle. Dans les temps les plus anciens où nous puissions remonter par des monumens contemporains, nous voyons toujours le même système d'écriture, le même mélange de signes idéographiques et phonétiques. Mais il n'en est pas moins vrai pour cela qu'une écriture purement idéographique n'est pas une chose impossible ; nous en connaissons même des exemples en réalité. On sait que les Mexicains ont une écriture entièrement symbolique, si toutefois on peut appeler écriture ces représentations qui ressemblent plutôt à des tableaux parlans, cet assemblage bizarre d'images et de symboles qui n'expriment qu'un sens vague et presqu'indépendant de la langue parlée. De même les Chinois ont une écriture idéographique, avec des modifications cependant qui désignent déjà un grand progrès vers la représentation de la langue parlée.

12. Or, je crois que les Égyptiens aussi avaient originairement une écriture toute semblable et entièrement idéographique. Si nous ne pouvons pas remonter à un temps où les signes phonétiques n'étaient pas encore en usage chez les Égyptiens, au moins nous trouvons plus tard en-

core des formules et des phrases entières composées uniquement de caractères symboliques.

Le prénom du roi *Thoutmosis IV.* qui a fait sculpter l'obélisque du Latéran (voy. pl. A. XI.) est composé ainsi de trois signes dont chacun représente un mot entier. Le disque représente le dieu Soleil, prototype des rois, en égyptien ρΗ *Ré*, et avec l'article Φ-ρΗ *Ph-Ré*, forme primitive du nom *Pharaon.* Le parallélogramme crénelé exprime l'idée *établir*, ⲙⲏⲛ *mèn* ; et le scarabée est le symbole du monde, ΘΟ *tho*. Il faut donc lire ce titre-prénom comme une phrase chinoise, ou comme nous traduirions en mots les chiffres d'un compte arithmétique. On ne peut pas se tromper sur le sens de la phrase ; mais il pouvait y avoir de légères différences dans la prononciation. On pouvait, dans notre cas, aussi bien lire : *Ph-Ré établissant le monde* et *Ph-Ré stabiliteur du monde.*

On trouvera sur notre planche un choix de caractères idéographiques, choix que j'ai fait principalement parmi ceux que l'on rencontre dans les cartouches royaux.

13. Quant à l'interprétation de ces signes on sent qu'elle ne saurait dépendre d'une seule découverte comme celle des hiéroglyphes phonétiques. Cependant nous ne manquons pas de moyens pour expliquer aussi ces caractères idéographiques. C'est d'un côté la partie dont les Grecs et Romains se sont occupés le plus, parcequ'elle leur parut la plus étrange et la plus caractéristique de l'écriture égyptienne ; de l'autre côté l'accompagnement ou le remplacement de ces signes par des groupes phonétiques les rend ordinairement tout aussi intelligibles que la partie phonétique même. Comme je ne pourrais pas toujours revenir aux sources de l'interprétation en parlant d'un signe idéographique, il sera bon de réunir ici les différen-

les manières d'expliquer cette partie de caractères et d'ajouter à chacune quelques exemples.

Il y a dix sources principales qui peuvent servir à nous faire connaître, soit le sens seulement d'un hiéroglyphe, soit le sens et la prononciation à la fois.

a. La représentation de l' hiéroglyphe même suffit souvent pour faire reconnaître sa signification.

Ainsi s'expliquent d'eux-mêmes presque tous les hiéroglyphes figuratifs, comme la *lune*, Π-ⲞⲞϨ (pl. A. IV. n. 11.); le *soleil*, Π-ⲢⲎ (n. 26.); la statue Π-ⲦⲰⲞⲨⲦ (n. 9.), le *crocodile*, Π-ⲘⲤⲀϨ (n. 28.).

b. Les images ou tableaux que le caractère accompagne.

Les images des divinités connues par leurs attributs, ou un métier, une action quelconque représentée en grand deviennent ainsi l'explication naturelle du signe qui l'exprime à son tour. Sur la pl. XLVI. des Monumens Civils de Rosellini on voit plusieurs groupes de sculpteurs qui travaillent à des statues; au dessus il est écrit un groupe (pl. A. IV. n. 29.) composé de deux instrumens qui expriment symboliquement l' action de sculpter, ⲤⲖⲀϪⲖⲈϪ ; sur la même planche audessus d'un peintre qui peint une statue et audessus de deux autres qui peignent un meuble, on voit le signe idéographique composé de la palette et du pinceau (pl. A. VII.ᵇ n. 29.) le même qui dans l'inscription de Rosette désigne aussi l'*écriture*, (ⲤⲀϩ, *écrire* et *peindre* en copte.) C'est ainsi enfin que les représentations peintes audessus des papyrus funéraires expliquent bien des groupes soit phonétiques soit idéographiques du texte.

c. L'explication directe des auteurs grecs et romains.

Le livre d'Horapollon ne contient que de telles explications, et beaucoup d'autres auteurs comme Diodore, Plutarque, Clément d'Alexandrie, Eusèbe, en donnent accidentellement. „ *Voulant écrire le fils,* dit Horappollon (21), *ils représentent une tadorne (espèce de canard égyptien) parceque cet animal aime beaucoup ses enfans.* C'est la même image qui entre toujours dans le groupe ϢΕ Ν ΡΗ (22), fils du Soleil, qui précède le nom propre de chaque roi (pl. A. VII.ᵇ n. 2.). „ *Per speciem apis, dit un autre écrivain (23), mella conficientis indicant regem : moderatori cum jucunditate aculeos innasci debere his signis ostendentes* ". C'est l'abeille, déterminatif symbolique du mot ϹΟΥΤΝ, roi qui précède chaque cartouche-prénom de roi (pl. A. VII.ᵇ n. 1.). Des témoignages pareils nous confirment que le *cercle* indique le soleil (24), et un *croissant* la lune (25), que le *scarabée* (pl. A. IV. n. 24.) est le symbole du monde, ΘΟ (26), la *plume d' autruche* (n. 27.) symbole de la justice ou de la vérité, Τ-ΜΗΙ (27); que *l'épervier*, (n. 8.) emblème du dieu

---

(21) I, 5o : Υἱὸν δὲ βουλόμενοι γράψαι χηναλώπεκα ζωγραφοῦσι. τοῦτο γὰρ τὸ ζῶον φιλοτεκνότατον ὑπάρχει.

(22) La transcription de l'*oie*, de l'*oeuf* et de l'*enfant* par ϹΙ ne repose que sur les transcriptions des Grecs, qui ne faisaient pas de distinction entre Ϲ et Ϣ. Le groupe phonétique ϢΡ (pl. A. VI. n. 10.) met hors de doute qu'au dialecte sacré tout aussi bien que dans la langue copte la parole se prononçait ϢΗΡΕ, et les transcriptions grecques nous apprennent de plus, que dans les composés on prononçait seulement ϢΕ comme dans la langue copte. Nous ne trouvons aucune trace d'une prononciation ϹΙ ni dans le dialecte sacré, ni dans la langue copte. Ϣ et Ϲ se confondent rarement dans la langue égyptienne.

(23) Amm. Marcell. XVII, 4. cf. Horap. I, 5g. et Rosell. M. St. t. I. p. 114.

(24) Clém. d'Alex. Strom. V.

(25) Clém. ibid.

(26) Horap. I, 10.

(27) Id. II, 110.

Horus (28) en particulier, désigne aussi un dieu en général (29); la *tête de lion* (n. 10.) la vigilance (30); l'é-
toile (n. 23.) le divin (31), etc. etc.

d. *Des traductions anciennes*, comme l'inscription de
Rosette et la traduction d'un obélisque par Hermapion.

L'instrument pour approuver les pierres (n. 13.) que
l'on trouve dans le prénom de Ramses III, du grand
Sésostris des Grecs, ensemble avec la ligne brisée ſl',
par, et le disque solaire, a été traduit par Hermapion,
ὃν ἥλιος προέκρινεν, le choisi, l'approuvé par le Soleil.
Le titre bien connu des rois ſHß ſl' ſll-ΘΟ, (pl. A.
VII.ᵇ n. 4.) y est traduit par δεσπότης οἰκουμένης, seigneur de la terre. Les deux lignes audessous de la corbeille représentent proprement deux couches de terre et
signifient les deux Égyptes. L'inscription de Rosette nous
apprend que l'Égypte supérieure et inférieure furent
aussi exprimées par la partie supérieure et inférieure de
la coiffure royale du pschent, suivies du déterminatif des
villes et des pays (pl. A. VII.ᶜ n. 12.); elle traduit la hache
(pl. A. II. n. 9.) par Θεός, *dieu*, (ſΙΟΤΤΕΡ); la corbeille audessous des collonnes d'un hypostyle (pl. A. IV.
n. 20.) par *panégyrie*, (ϨΒΔΙ); le vase renversé avec la
hache symbole du dieu (pl. A. VII.ᵇ n. 25.) par ἱερεύς,
prêtre (ΟΤΗß); etc.

e. Le *contexte* lui-même ne laisse souvent pas de doute sur la signification d'un groupe idéographique.

Je citerai pour cela une phrase de l'obélisque qui est
resté à Louqsor (32), où on parle „ des deux grands obé-

(28) Aelian. de Anim. VII, 9. X, 14. Eusèb. Praep. Ev. III,
12. Strab. XVII. p. 562.
(29) Horap. I, 6.
(30) Horap. I, 19.
(31) Horap. II, 1.
(32) Voy. Champ. Gr. p. 204.

29

lisques en pierre de *méhèt* (ⲙⲉϩⲏⲧ) " (pl. B. n. 6.) Il
est clair que les deux caractères avec le signe du genre féminin qui forment le groupe de *méhèt* doivent exprimer
le nom de la pierre dont les deux obélisques étaient faits ,
savoir le *granit rose*. Dans le grand rituel de Turin, à la
dixième ligne après la grande représentation agricole (33)
on parle d'un serpent sur le haut d'une montagne et dit
qu'il a „ 130 coudées dans sa (longueur), 33 dans sa
largeur et quatre en face ⲙⲁϩⲓ ϣⲉ ⲕⲉ ⲙⲁⲁⲃ ⲙ̀
(ϣⲓⲉ)-ϥ ⲙⲁϩⲓ ⲙⲁⲁⲃ ⲕⲉ ϣⲟⲙⲛ̀ⲧ ⲙ̀ ⲟⲩⲱϣⲥ-ϥ
ⲁⲧⲱ ⲙⲁϩⲓ ϥⲧⲟⲟⲩ ⲙ̀ ϩⲏ-ⲧ-ϥ. (pl. B. n. 7.) (34). Le
signe qui exprime la longueur est idéographique ; mais à
cette place il ne peut pas avoir d'autre signification. Un
seul passage n'est pas toujours aussi concluant que ceux-ci ,
mais on concevra que les différentes combinaisons auxquelles un caractère quelconque est soumis, doivent presque
toujours décider, avec plus ou moins de certitude , de sa
signification particulière , parceque la plupart des paroles
qui le précèdent ou le suivent sont connues:

Si les différentes manières d'interprétation que j'ai
énumérées jusqu'à présent peuvent souvent déterminer
le sens d'un caractère ou d'un groupe idéographique sans
nous fournir à la fois sa prononciation, il y en a d'autres qui nous apprennent et l'un et l'autre. Je parlerai
donc d'abord des cas où .

<hr>

(33) P. II. §. IX. n. 5. d'après la division de Champollion
que j'ai suivie par tout l'article.

(34) On voit qu'en général je suis , dans les transcriptions,
le dialecte sacré des hiéroglyphes mêmes; il n'est cependant pas
encore possible jusqu'à présent de se passer entièrement de la
langue copte , soit dans la transcription des voyelles , soit dans
l'emploi de certains mots entiers.

f. *Le groupe phonétique accompagne le signe idéographique.*

A ceci appartient surtout la classe nombreuse des signes déterminatifs dont nous parlerons plus au long dans la suite. Nous ne pouvons pas nous tromper sur le sens et la prononciation de l'*ellipse représentant un cartouche*, parceque ce signe (pl. A. VI. 1.) est précédé du groupe phonétique ⲣⲛ, en copte ⲣⲁⲛ, le *nom*; le *veau courant* suivi des *trois lignes brisées* qui représentent l'eau, exprime la *soif* (pl. A. VI. 2.); sa prononciation ⲟⲃ⳾ c. ⲟⲃⲉ précède. Deux petits vases d'une certaine forme (pl. A. VI. 3.) désignent le *vin*, ⲏⲣⲡ; cette parole les précède en toutes lettres.

g. Les *variantes* dans les différens textes du même contenu ou dans la suite d'un même texte sont ici de la plus haute importance.

Le nom du prêtre défunt *Pét-Amon* qui se répète plus de cent fois dans le grand papyrus funéraire de Paris est écrit tantôt en toutes lettres (pl. B. n. 8.[a]), tantôt avec l'*obélisque* au lieu du nom d'Amon (n. 8.[b]) tantôt avec le *rond elliptique renfermant la ligne brisée* (n. 8.[c]). Nous savons par cela que les deux caractères mentionnés sont des signes idéographiques pour exprimer le nom du dieu Amon. Le nom du roi Nectanèbe, ⲛⲁϩⲧⲛⲉⲃϥ, Nacht-nebf, est écrit ou avec la *corbeille* (ⲛⲏⲃ, neb, seigneur) (n. 9.[a]) ou avec le *sphinx* (n. 9.[b]). Cela nous apprend que le sphinx avait la même signification et la même prononciation que la corbeille. Nous ne pouvons par conséquent pas nous étonner de trouver au commencement du rituel complet de Turin dans la 17me ligne le groupe ordinaire de ⲛⲏⲃ ⲛ' ⲛⲓ-ⲛⲟⲩⲧⲣ', nèb en ni-nouter, seigneur des dieux (n. 10.[a]), écrit par le sphinx (n. 10.[b]), ou de trouver au commencement du grand rituel de Paris (35) la

(35) P. II. §. I. n. 21.

corbeille, dans la même phrase où le rituel de Turin donne le sphinx. Le caractère ϹⲰⲦⲠ , *sôtp* , *approuver* ,
dont nous avons parlé plus haut (n. 11.a) ne se trouve
jamais avec sa prononciation dans les cartouches royaux ,
mais M. Rosellini (36) l'a rencontré sur quelques monumens et je l'ai trouvé aussi dans le Rituel (37) de Paris
et de Turin (n. 11.ᵇ), tandisque le groupe phonétique
manque dans le passage correspondant d'un troisième rituel appartenant à M. le marquis Busca. La comparaison
des différens textes du Rituel, qui se trouvent déjà par cen-
taines dans les musées de l'Europe, est donc du plus haut
intérêt pour nos connaissances hiéroglyphiques à cause du
grand nombre de variantes que chacun de ces textes nous
présente.

h. D'autres signes idéographiques furent employés comme *initiaux* de certains groupes dont le reste est phonétique.

Nous savons alors par ces complémens phonétiques,
quelle était la prononciation du signe symbolique. La *croix
ansée* , symbole de la vie, se prononçait ⲰⲠⳤ, ônch ,
comme en copte , parceque nous trouvons souvent le Ⲡ
et le ⳤ comme complément phonétique de ce symbole
(n. 12.). Il en est de même pour le *luth*, symbole du
bien , ⲛⲟⲩⲣⲉ , (n. 13.) ; pour la *branche de palmier* , symbole du prince , ϹⲟⲧⲦⲠ (n. 14.) , etc. (38).

i. Plusieurs signes idéographiques furent employés
phonétiquement, par une espèce d'innovation , *au temps
des Romains.*

Le *scarabée* (pl. A. IV. n. 24.) et la *couche de ter-*

(36) Mon. Civil. II. p. 52.
(37) 5me ligne avant le tableau des noms des 42. parèdres
d'Osiris. P. II. §. X. n. 9.
(38) Voy. pl. A. VI.

re (n. 25.) exprimaient T ou TO ; *l'enfant* (pl. A. VII. c 4.) et le *canard* (ibid.) S , etc. C'est ainsi que les noms propres grecs et romains nous apprennent ou confirment souvent la prononciation de certains caractères qui, dans les temps pharaoniques, n'avaient qu'une signification idéographique.

k. *Les transcriptions enfin par les auteurs grecs et romains* suppléent ou complètent souvent nos connaissances relativement à la prononciation des signes idéographiques.

C'est Plutarque (39) qui, en expliquant le nom d'Osiris, nous apprend que les Égyptiens appelaient l'œil ἴρι, ιρι , mot qui appartient exclusivement au dialecte sacré , tandisque la langue copte ne connaît que le mot ΠΙ-ẞⲀⲗ, pi-bal (40). La prononciation de la corbeille et du sphinx ⲚⲎẞ,ⲚⲈẞ est confirmée par le nom du roi Necta-neb-us ; et les noms Ἄ-μωσις et Τούϑ-μωσις chez Manéthon nous apprennent, qu'il faut prononcer la lune dans le nom du premier (pl. B. n. 19.) ⲀⲀϨ , et l'*ibis*, l'oiseau de Thot, dans le nom du second (pl. B. n. 20.) , non pas ϨΙẞ , comme il s'écrit hiéroglyphiquement (pl. A. VI. n. 6.), mais ΘⲰⲞⲦⲦ comme le dieu dont il était l'emblème.

J'ai mentionné , dans cette énumération des principaux moyens pour expliquer les caractères idéographiques, la plupart des signes de cette nature qu'on rencontre dans les cartouches royaux ; mais on conçoit que l'interprétation d'un symbole repose rarement sur une seule des preuves énumérées , mais presque toujours sur le concours de plusieurs, et s'il reste néanmoins encore une grande quantité de caractères dont nous ne connaissons pas encore soit la signification, soit la prononciation , quelques fois ni l'une ni l'autre , la nature même de ces sources d'interprétation

(39) De Is. et Os. p. 355. cf. Diod. I, 11.
(40) Voy. l'Appendix not. B.

doit nous convaincre que le nombre de ces caractères inconnus diminuera toujours à mesure que nous avancerons dans ces études.

14. Parmi les signes représentés sur notre planche sous n. IV. il ne reste à expliquer que les numéros suivans.

n. 12. *le bras étendu* tenant un bouton de fleur, ⲥⲣ̀ copt. ⲥⲱⲣ, *distributeur*, se trouve accompagné de son groupe phonétique, et parfois comme initiale du même. (Voy. plus bas §. 37. not. 57.)

n. 15. *L'homme assis* tenant le fouet, est traduit par *image, statue* (ξόανον), dans l'inscription de Rosette (l. 8.) Sa prononciation n'est pas connue.

n. 16. *La barque* est figurative et se trouve souvent avec son groupe phonétique, formé du *poulet* et de la *feuille de roseau* ⲟⲩⲁ, (c. ⲃⲁ-ⲣⲓ.)

n. 17. *La bandelette, le fronteau*, symbole d'une charge d'inspecteur, de commandant, est souvent précédé ou remplacé par le groupe phonétique, *la chouette et la bouche*, ⲙⲟⲩⲣ, *préposé* (copt. *vinculum*).

n. 18. *L'archer* à genou est figuratif et désigne en général les soldats; le groupe phonétique: *la chouette*, la *citerne* et *le bras*, qui le précède parfois, correspond au mot copte ⲙⲓϣⲉ, *pugnare, miles*.

n. 19. est le symbole de la ville de *Thèbes* et paraît représenter une *mangeoire*. Son groupe phonétique se prononce ⲱⲡ, avec l'article féminin ⲧ·ⲱⲡ, et se compose de *la feuille de roseau* et du *carré*, suivi du *segment de sphère* comme article féminin. C'est l'origine du nom grec *Thebae*. Le pluriel aussi se trouve souvent exprimé en hiéroglyphes par le second déterminatif du *trône* affecté de la marque du pluriel. Il fallait alors le prononcer ⲛⲱⲡ ou ⲛⲱϥ, ce qui paraît être l'origine du nom hébreu נא, *Nó*.

n. 21. 22. sont ordinairement suivis du déterminatif du plan de ville, ce qui les caractérise comme symboles de villes ou contrées. Ils ne se trouvent qu'aux titres de certaines divinités ou rois. Ce sont des régions sacrées. Le second caractère est quelques fois employé comme initiale phonétique dans le mot ⲠⲒⲦⲈ, l'*arc*, et est souvent suivi du *vase*, ou bien de *la ligne brisée*; sa prononciation ⲠⲒⲦ n'est donc pas douteuse.

n. 30. paraît être une *navette*, et est le symbole de la déesse Neith. Il est souvent remplacé par la *ligne brisée* Ⲛet le *segment de sphère* Ⲧ.

n. 31. représente un *champ* couvert de roseaux avec le déterminatif des régions, en copte ⲔⲞⲒ. Il est parfois exceptionnellement employé comme Ⲕ, ce qui confirme sa traduction par ⲔⲞⲒ.

II. *Caractères phonétiques.*

15. Les Égyptiens devaient bientôt sentir le besoin de rendre aussi des mots qu'ils ne pouvaient représenter ni figurativement ni symboliquement, ces mots n'étant pour eux que des sons, notamment comme les noms propres de peuples et d'individus étrangers. On sait que les Chinois aussi se sont écartés dans ce cas de leur système purement idéographique. Ils décomposèrent les noms propres en syllabes dont chacune exprime une idée distincte dans leur langue, mais qu'on dépouille de leur valeur primitive dans le cas spécial où elles doivent former des noms propres.

Nous trouvons absolument la même manière de décomposer des noms propres étrangers chez les Égyptiens. Ils auraient pu employer toujours leur alphabet phonétique général, comme ils l'ont fait ordinairement, témoins les noms des Ptolémées, des empereurs romains, et de tant d'autres; mais il paraît qu'une certaine réminiscence

des temps où ils n'avaient pas encore les lettres alphabétiques, les engagea à se servir quelques fois de la manière dont je viens de parler. Nous trouvons par exemple
sur les parois du Ramesséum à Thèbes (41) le nom d'un
prince étranger (pl. B. n. 21.) composé de quatre paroles,
savoir *partie-le-fils-bouche* Cⲁ-ⲡⲉ-ⲱⲉ-ⲣⲟ, Sa-pe-sche-ro.
Cette réunion de paroles n'a pas de sens, et si elle en avait,
ce ne serait jamais la signification du nom de ce prince.
De même nous trouvons le nom de la reine *Arsinoé* (42)
écrit phonétiquement en toutes lettres (pl. B. n. 22. a) ⲁⲣⲥⲓⲛⲁ
et autrefois (n. 22. b) écrit par deux signes idéographiques
dont le premier (43) se prononce ⲁⲣⲓ, et le second, symbole du frère et de la sœur, ⲥⲟⲛ ou ⲥⲱⲛⲓ, soit
que le complément phonétique fût ajouté, comme il l'est accidentellement ici, soit qu'il fût omis ; de manière que les
deux caractères qui originairement avaient une toute autre signification, forment ici le nom d'Arsinoé. C'était un
pas très important de fait vers le caractère phonétique que
cette écriture développait de plus en plus.

· 16. On devait s'apercevoir qu'il y avait bien des mots
dans la langue qui, comme les noms étrangers, n'étaient
plus que des sons qui s'opposaient à toute représentation
figurative ou symbolique, comme les prépositions, les conjonctions, les désinences grammaticales et autres ; toute
la langue devenait toujours plus conventionnelle et par conséquent plus difficile à être représentée par une écriture
idéographique. On allait donc plus loin et on commençait à
décomposer de la même manière tous les mots qu'il était

(41) Champ. Gr. p. 139.
(42) Rosell. M. St. t. II. p. XVII. n. 2.c 2.d.
(43) Ros. M. St. t. II. p. 315. - Voy. pl. A. II. col. 1. J'ai
souvent trouvé ce même signe au Rituel comme déterminatif du
groupe phonétique écrit par la feuille de roseau.

impossible ou trop incommode de représenter d'une autre manière. Il était naturel d'observer dans ce nouveau procédé deux choses. 1. On devait chercher à décomposer les mots en des élémens aussi simples que possibles, c'est à dire en des *syllabes* ; car on comprend qu'on ne pouvait pas encore songer à la séparation de la voyelle et de la consonne, parceque ni l'une ni l'autre ne pouvait avoir un sens à elle seule dans la langue parlée et ne pouvait par conséquent pas avoir non plus une représentation figurative ou symbolique dans l'écriture primitive. 2. On devait se restreindre *à un petit nombre* de ces signes syllabiques auxquels on ôtait leur valeur primitive pour en composer d'autres noms.

17. Toutes les écritures plus développées que nous connaissons ont passé par un état syllabique ; mais la syllabité pure n'était presque partout qu'un état transitoire. La voyelle, variable de sa nature, devenait plus indifférente et, à force d'altérer les voyelles dans la prononciation des mêmes syllabes, écrites avec tel ou tel signe simple, la consonne seule restait à la fin fixe, et il fallait indiquer la nuance de la voyelle inconstante, ou par de petites lignes et crochets, comme dans l'écriture sanscrite, ou par des points mis audessus et audessous, comme dans les écritures sémitiques, ou bien par des signes entiers, intercalés comme voyelles proprement dites, quoiqu'ils représentaient originairement des syllabes complètes, pour la plupart légèrement aspirées, comme dans les écritures européennes.

18. C'est ce qui est arrivé aussi à l'écriture phonétique des Égyptiens. Les syllabes, indivisibles auparavant, se sont décomposées à la fin en consonnes et voyelles, mais il faut bien remarquer que leurs rapports mutuels sont toujours encore bien différens de ceux que nous sommes accoutumés à leur supposer et ce ne sont guère que les noms étrangers des Grecs et Romains dans lesquels on

s'est permis de négliger les anciennes règles pour s'approcher de la coutume européenne. L'ancienne syllabité se manifeste encore partout. La preuve la plus évidente, pour qui a compris l'absurdité de la supposition qu'on aurait jamais pu inventer une écriture à consonnes pures, est celle que l'écriture hiéroglyphique et hiératique ne se servent point d'un des signes crus voyelles comme complément d'une consonne précédente à une syllabe entière. Que l'on parcoure, pour se convaincre de ce que j'avance, les longues séries de paroles phonétiques qui maintenant sont accessibles à tout le monde dans la précieuse grammaire de Champollion. On ne trouvera de caractères-voyelles à peu d'exceptions près qu'au commencement et à la fin des mots, très rarement au milieu. Les rares exceptions s'expliquent facilement. Parlons d'abord des voyelles initiales.

19. S'il en était véritablement de l'écriture égyptienne comme des écritures sémitiques, où א, ה, ע n'étaient point des voyelles complémentaires comme A, E, O le sont dans les écritures européennes, mais de légères aspirations auxquelles certaines voyelles étaient inhérentes (44), il est clair que les voyelles que nous trouvons au commencement des mots coptes doivent toujours se retrouver dans les paroles hiéroglyphiques, parcequ'au commencement d'un mot la voyelle ne peut point être complémentaire, mais doit former une syllabe entière, savoir l'aspiration plus ou moins forte avec sa voyelle inhérente. C'est ce que nous trouvons en effet; la règle est constante; et voilà la première exception à la supposition gratuite que

(44) J'ai développé plus en détail mes opinions sur l'état syllabique primitif des écritures sémitiques et sanscrite dans une dissertation sur l'ordre alphabétique dans les différentes écritures des peuples, lue à l'académie de Berlin en 1835. et imprimée dans ses Mémoires de 1836. §. 12—22.

les Égyptiens auraient mis ou omis arbitrairement les voyelles de la langue parlée, et la première preuve de l'é-
criture syllabique.

20. Quant aux voyelles intermédiaires dans la langue
copte, elles sont pour la plupart, comme dans les autres
langues, complémentaires, et ne peuvent par conséquent
pas être écrites séparément dans une écriture syllabique.
Et en effet la règle générale pour l'écriture hiéroglyphique est de n'écrire au milieu des mots *aucune* voyelle
complémentaire, soit longue soit brève. Nous trouvons par
conséquent constamment écrit ⲤⲡⲦ (pl. A. VI. 4.) pour
ⲤⲡⲟⲦⲞⲨ les lèvres; ⲙⲡⲦ (pl. A. VI. 5.) pour ⲙⲡⲞⲦ,
les mamelles; ⳍⲃ (n. 6.) pour ⳍⲓⲃ, l'ibis; ⳤⲡⳃ (n. 7.)
pour ⳃⲱⲡⳃ, la cuisse; ⲁⳤⲙ (n. 8.) pour ⲁⳤⲱⲙ,
l'aigle; ⲗⲗ (n. 9.) pour ⲗⲓⲗⲞⲨ, l'enfant; ⳃⲣ (n. 10.)
pour ⳃⲏⲣⲉ, l'enfant; ⲉⲗⲗ (n. 11.) pour ⲉⲗⲏⲗ, raisin;
ⲤⲦⲙ (n. 12.) pour ⲤⲦⲏⲙ, στίμμι, stibium, le collyre;
ⳃⳃⲡⲕ (pl. B. n. 23.) pour Σέσωγχις, le Sisak, ρ͑ω͑,
de la bible; ⲡⲤⲙⲦⲕ (pl. A. XI.) pour Ψαμμήτιχ-ος;
ⲞⲨⳃ (pl. A. VI. n. 13.) pour ⲞⲨⳃⲏ, la nuit, etc. etc. Dans
tous ces exemples, ainsi que dans une foule d'autres,
l'omission des voyelles complémentaires n'est nullement
arbitraire, elle est une loi constante.

21. On trouve cependant des paroles qui tout aussi
constamment sont écrites avec des signes voyelles au milieu de la parole, comme ⲤⲞⲨⳍ (A. VI. 14.), copt. ⲤⲞⲞⲨⳍⲉ,
l'œuf; ⲦⲞⲨⲦ (n. 15.) c. ⲐⲰⲞⲨⲦ la statue; ⲤⲞⲨⲡ (pl. B.
n. 24.) c. ⲤⲞⲨⲁⲡ, la ville de Syène; ⲔⲞⳍ (pl. A. VI. 16.).
c. ⲔⲞⲞⳍ, angulus, cubitus; ⲉⲞⳍ (n. 17.) c. ⲞⲞⳍ, ⲓⲞⳍ
la lune; ⲞⲞⲡⲓ, (n. 18.) c. ⲉⲡ, le singe etc. Mais je
n'aurai guère besoin d'en indiquer la raison que chacun
aura déjà vue en lisant ces exemples. C'est que dans ces
cas la voyelle écrite n'est point complémentaire, mais syllabe complète, où on entendait l'aspiration qu'on devait

représenter aussi bien que chaque autre consonne. Quelquesfois nous trouvons dans la langue copte une contraction des deux voyelles primitives. C'est ce qu'il faut présumer pour le nom de l'épervier, ẞHⲜ en copte, qui en hiéroglyphes a constamment la *feuille de roseau* entre les deux consonnes (pl. A. VI. 19.) Or nous savons par hasard d'Horapollon (45) que le nom de l'épervier était anciennement au dialecte sacré βαϊήϑ, ẞⲀⲒHⲜ (46), nom qui est d'autant plus sûr, que cet auteur le décompose en βαϊ et ήϑ. Il nous fournit par conséquent les deux voyelles qu'il fallait supposer, d'après l'orthographe hiéroglyphique, comme nous devons le faire dans les autres cas rares où la prononciation copte nous échappe.

22. Restent à expliquer les voyelles qui se trouvent en grande quantité à la fin des mots. Quelques unes s'expliquent naturellement comme les voyelles médiales ; ce ne sont pas des voyelles complémentaires, mais des syllabes complètes et la langue copte, dans ces cas, nous présente deux voyelles. Voyez par exemple CⲟⲨ (pl. A. VI. 20.) c. CⲟⲨⲟ, froment; ϣⲟⲨⲒ (n. 21.) c. ϣHⲟⲨⲒ l'autel; ϥⲧⲟⲨ (n. 22.) c. ϥⲧⲟⲟⲨ, quatre; ⲘH (n. 23.) c. ⲘHⲒ, ⲘⲈⲈⲒ, la vérité; CϧⲒ (pl. B. n. 25.) c. CϧⲀⲒ, l'écriture; ⲚⲀ (pl. B. n. 26.) c. ⲚⲀⲀ, grand, et d'autres. Quelques fois la langue copte ne donne plus l'ancienne prononciation, comme dans le mot ⲢH, ou ⲢⲀ le soleil écrit en hiéroglyphes avec la voyelle (pl. A. VIIᵃ 12.) ; l'aspiration perdue dans la langue copte se trouve encore dans la transcription hébraïque de cette parole dans l'aïn des mots פֿרע, Ⲫ-ⲢⲀ,

(45) Hiérogl. I, 7.

(46) Le ϑ grec au lieu du Ⲝ copte n'a rien d'extraordinaire; les Grecs n'avaient pas d'expression exacte dans leur langue pour cette lettre, et la rendaient tantôt par G, tantôt par S, tantôt enfin par T, comme en transcrivant la ville ⲜⲀⲚH par Τάνις. Le ϑ est encore plus près de la vraie prononciation.

40

Pharaon ; ר־ע־ממם , ⲣⲁ-ⲙⲥ'ⲥ' (pl. B. n. 27.ₐ) ville qui
porte le nom du grand conquérant, et פֿוֹטי־פֿרעֿ , Poti-
phar , c. à. d. ⲡⲉⲧ-ⲫ-ⲣⲁ (pl. B. n. 27.ᵇ) , celui qui appartient à Phré (47).

23. Mais un grand nombre d' autres exemples n' ad-
mettent point cette explication ; un examen attentif nous
fait au contraire reconnaître une particularité très remarquable dont je ne connais rien d' analogue dans aucune
autre écriture. C' est que nous trouvons très souvent les
voyelles, prononcées au milieu du mot, rejetées à la fin
dans l'écriture. On écrit donc :

ⲭⲣϩⲱ	pl. B. n. 28. pour	ⲭⲱⲣϩ ,	la nuit.
ⲉⲃⲧⲱ	29. pour	ⲉⲃⲱⲧ ,	Abydus.
ⲡϩⲟⲩ	30. pour	ⲛⲟⲩϩⲉ ,	sycomore.
ⲁⲛⲡⲟⲩ	31. pour	’Ανούβ , ”Ανουβις,	Anoubis.
ⲣⲣⲓ	32. pour	ⲣⲓⲣ ,	le porc.
ⲓⲙⲟ	33. pour	ⲓⲟⲙ ,	la mer.
ⲥⲗⲭⲱ	34. pour	ⲥⲱⲗⲭ ,	laevigare.
ϩϥⲟ	35. pour	ϩⲟϥ ,	le ver.
ⲕϥⲱ	36. pour	ⲕⲱⲱϥⲉ,	forcer, faire prisonnier.
ⲡⲣⲉⲟⲩ	37. pour	ⲛⲟⲩⲣⲉ ,	le vautour.
ⲙⲛⲧⲟⲩ	38. pour	Μώνθ,	le dieu Month.
ϩⲣⲟⲩ	39. pour	ϩⲟⲩⲣⲡ c. ϩⲟⲩ, ϩⲟⲟⲩ,	le jour.
ⲛⲧϩⲣⲟⲩ	40. pour	ⲧ-ⲁⲛⲧϩⲟⲩⲣⲡ,	Dandour en Nubie
ⲕⲃⲧⲱ	41. pour	ⲕⲟⲃⲧ ,	Koptos, auj. Keſth.
ϭⲛⲥⲟⲩ	42. pour	Χώνς ,	le dieu Chons.
ⲥⲃⲉ	43. pour	ⲥⲏⲃⲓ ,	la flute.
ⲙⲛⲟ	44. pour	ⲙⲟⲛⲓ ,	la nourrice.
ⲙⲥϩⲟⲩ	45. pour	ⲙ'ⲥⲟϩ ,	le crocodile.
ϩⲩⲣⲱ	46. pour	ϩⲧⲱⲣ ,	le cheval.

(47) Voy. Ros. M. St. t. I. p. 117.

Le grand nombre d'exemples, que je pourrais facilement encore augmenter, met le fait hors de doute,
mais je ne prétendrai pas expliquer la nature même et la
première origine de cette particularité étrange. Il paraît
qu' on voulait indiquer, par une espèce de déterminatif
phonétique, la tonique, pour ainsi dire, de la parole, en
ajoutant la voyelle principale du mot, laquelle cependant
n'était pas plus nécessaire que chaque autre déterminatif
idéographique. On aimait surtout à ajouter la voyelle ⲞⲨ
ou Ⲱ, mais nous trouvons autant de fois ⲀⲚⲠ, ϨⲚⲤ,
ϫⲢϨ, ⲈⲂⲦ, ϨϤ, ⲘⲚⲦ, ϨⲢ, ϨⲦⲢ etc. sans la voyelle, qu' avec elle. La syllabité primitive en ressort en
tout cas; car on ne trouvera jamais une de ces voyelles mi-
ses au milieu du mot là où on la prononce. La seule exception que je connaisse est le nom du crocodile ⲘⲤⲀϨ
ou ⲘⲤⲞⲞϨ en copte, qui s'écrit en hiéroglyphes ou ⲘⲤϨⲞ
ou ⲘⲤϨ ou bien ⲘⲤⲞϨ. Cette troisième orthographe me
paraît alors rendre exactement le copte ⲘⲤⲞⲞϨ, de manière que le Ⲟ hiéroglyphique n'est pas plus voyelle complémentaire que dans ⲤⲞⲞⲨϨⲈ, l'œuf, qui est écrit exactement avec les mêmes signes hiéroglyphiques et qui nous
fournit peut être la vraie étymologie du nom de cet animal
né de l'œuf.

24. Il y a enfin encore d'autres exemples, où il paraît en effet qu' à la fin des mots on a admis quelques
fois de véritables voyelles complémentaires, surtout pour
des monosyllabes, mais ce n'est pas le lieu de poursuivre
d'avantage ces rapports mutuels entre les voyelles et consonnes dans l'écriture égyptienne (48). Il suffit d'en avoir

(48) Les exceptions les plus fréquentes se rencontrent pour
la voyelle ⲓ, autrefois sans doute diphthongue parcequ'elle est
représentée par deux feuilles. Mais je me propose de traiter ailleurs cette matière plus en détail pour déterminer plus exactement les limites de la syllabité égyptienne, pour discuter toutes

indiqué les règles générales et d'avoir commencé à éclair-
cir cette partie qui jusqu'à présent était presqu'entièrement
abandonnée à l'arbitraire. On concevra maintenant mieux
les difficultés mais aussi les raisons et les limites des difficultés qui s'opposent à une transcription complète et constante des hiéroglyphes en lettres européennes. On sent que
des caractères, dont l'élément essentiel était originairement
l'aspiration et non pas la voyelle inhérente, pouvaient aussi
bien changer de prononciation que les lettres analogues des
alphabets sémitiques, quoiqu'aussi bien ici qu'ailleurs la fai-
blesse de cet élément *consonantique* les ait préservées, plus
que toutes les autres, de l'inconstance de la voyelle inhérente.

25. J'ajouterai donc seulement encore en dernière
preuve de ce que je viens d'avancer, que la plupart des
caractères voyelles de Champollion se trouvent par fois remplacés dans les variantes par des caractères qui sont généralement reconnus pour être des aspirations, et que notamment la feuille a plus généralement conservé ce caractère.

26. Cette exposition fera comprendre pourquoi, sur
notre planche, j'ai dû laisser subsister la séparation reçue
jusqu'ici entre les voyelles et consonnes. Mais on voit que
j'ai pour la première fois réduit le grand alphabet phonétique de Champollion à une trentaine de lettres que j'ai
appelées *alphabet phonétique général*, lettres qui se distinguent en effet de la manière la plus précise parmi toutes
les autres rassemblées par Champollion, en ce que celles-ci
seules pouvaient être employées dans tous les groupes pho-

les exceptions qu'on croit rencontrer au premier abord, et pour
jeter ainsi les fondemens d'une transcription plus fixe et plus
régulière des paroles hiéroglyphiques qu'on ne l'a suivie jusqu'ici
et que je ne l'ai pu suivre moi-même dans cet article, faute d'un
système établi.

nétiques sans distinction, tandisque les autres n'avaient que des valeurs phonétiques ou spéciales ou limitées.

27. On avait en effet raison d'être choqué par un alphabet phonétique de 132. caractères qui laissait toute liberté d'écrire chaque parole de cent manières différentes sans altérer la prononciation. Je crois par conséquent avoir prévenu bien des malentendus et avoir beaucoup facilité l'intelligence de la nature composite de l'écriture hiéroglyphique en décomposant l'immense alphabet phonétique et en établissant d'abord l'alphabet à lettres généralement alphabétiques. On s'en est servi partout où l'emploi des caractères idéographiques était ou impossible ou trop incommode, notamment dans les *noms propres*, surtout étrangers, dans une foule de *noms communs*, surtout dans tous ceux qui ont encore des déterminatifs, dans les *complémens des groupes* dont le premier signe était originairement symbolique, et enfin dans les mots et désinences spécialement *grammaticales*. Les autres lettres de l'alphabet Champollion ne se trouvent pas au milieu des groupes phonétiques simples, mais seulement au commencement des groupes simples ou des parties de groupes composés. Les exceptions ne font que confirmer la règle; nous feront mention dans la suite des principales.

28. Le nombre des consonnes différemment prononcées dans l'ancienne langue égyptienne n'était pas grand. Des trois moyennes ils ne distinguaient comme les Ombriens que le *b* et le *p* ; *g* et *k*, *d* et *t* furent exprimés par le même signe, comme dans la langue copte ; *l* et *r* n'étaient qu'une seule lettre comme chez les Chinois et les anciens Persans. Ce ne fut que plus tard (voy. l'Appendix not. A.) que le dialecte vulgaire les distingua, et il y a encore un dialecte copte, le baschmourique, qui met partout *l* à la place de l'*r*. Le Ϫ et Ϭ ne sont qu'un adoucissement du Ⲕ que le dialecte sacré, à ce qu'il paraît, ne

44

connaissait pas encore. Il reste donc douze consonnes,
pour lesquelles on avait choisi 25 caractères.

29. Quant au *principe* de ce choix, retrouvé de bonne heure par Champollion (49), il sera maintenant mieux
compris d'après ce que j'ai dit plus haut sur l'origine de
l'écriture phonétique en général. On choisissait des objets
dont le nom égyptien commençait par la lettre qu'on voulait représenter ; ⲘⲞⲨⲗⲁϫ, *la chouette*, représente un
ⲙ ; ϣⲎⲓ, *la citerne*, et ϣⲛⲏ *le jardin*, ϣ ; ϧⲁⲓ,
le van, ϧ ; ⲱⲁϭⲉ, *la corde*, ⲱ ; etc. D'autres
noms qui nous sont encore inconnus, donnaient occasion
au choix du *bras* pour ⲁ, du *poulet* et du *trait replié*
pour ⲞⲨ, du *pied* pour ß, du *vase à anneau* pour Ⲕ, du
dos de chaise et du *verrou* (50) pour ⲥ, etc. Le même
principe se retrouve dans le choix des noms de lettres,
qui à leur tour ne dénommaient que les anciennes représentations hiéroglyphiques chez les peuples sémitiques et
runiques, dont les uns appelaient A *alef* le bœuf, B
beth la maison, G *gimel* le chameau, etc., les autres A
ác le chêne, B *beorc* le bouleau, U *ur* le boeuf, S *sol* le
soleil etc.

30. Quant au *nombre* des signes qui est toujours le
double de celui des articulations de la langue parlée,

(49) On croyait d'abord trouver une indication de ce principe dans les πρῶτα στοιχεῖα du célèbre passage de Clément. J'ai
prouvé dans un article inséré dans le Musée Rhénan (P. Philo-
log. t. IV. p. 142-599.) que ni cette explication ni toutes les autres qu'on avait données de ce passage n'étaient conformes à l'u-
sage de la langue grecque, qui, du temps de Clément ainsi que
de Philon Byblius et Eusèbe, n'entendait par πρῶτα στοιχεῖα que
les *lettres alphabétiques* en général, les *prima elementa* des Romains.

(50) J'ai trouvé des tableaux qui mettent le sens figuratif
de ces deux signes hors de doute.

il est bien possible qu' ils se distinguaient autrefois par
la voyelle inhérente et qu'ils soyent devenus entièrement
homophones seulement depuis que la voyelle était deve-
nue indifférente. Un véritable syllabaire aurait demandé
au moins quatre signes pour chaque consonne, trois pour
les 3 voyelles principales et un pour le cheva ou virâma.
Les Éthiopiens ont 7 signes pour chaque consonne parcequ'ils ont 6 voyelles. Mais ce qui a conservé pour toujours plusieurs signes entièrement homophones pour une
seule lettre, ce fut sans doute principalement le besoin
calligraphique, qui était toujours très important dans l'é-
criture hiéroglyphique.

On remarquera facilement que les signes homophones
ont presque toujours des dimensions différentes ; ils ont
une forme plutôt horizontale ou verticale ou carrée. Or
les hiéroglyphes procèdent toujours en groupes carrés, arrangés très symmétriquement, et les signes peuvent se
prêter plus ou moins facilement à cette combinaison. Que
l' on compare par exemple les lettres sur notre planche
B. n. 47.ᵃ qu'on aurait pu choisir pour écrire le nom de
Psamétique, avec les lettres qu'on a véritablement choisies
(n. 47.ᵇ); et on concevra sans peine pourquoi on a préféré les
dernières. Les dix petits carrés sont tous également remplis,
tandisque dans l'autre arrangement sept carrés sont restés
ou entièrement vides ou incomplets. On affectionnait surtout
les groupes, comme les n. 48. 49. 50. ⲰⲦⲠ, offrir ;
ⲠⲦⲀϩ, Phtah ; ⲞⲨⲢⲠ, le gardien, où deux hiéroglyphes
sont liés soit en haut, soit à côté, soit en bas, par un
troisième qui remplit toute la largeur, ou deux carrés de
la hauteur de la colonne. Il y a aussi des signes qu' on
peut élargir ou rétrécir sans nuir à leur forme particulière. Ainsi les deux lettres du groupe ⲙⲛ, établir, peuvent occuper toute, ou seulement trois quarts de la largeur,

46

comme dans le groupe ⲁⲙⲛ (n. 51.). Un exemple qui embrasse la plupart de ces différentes liaisons est celui de n. 52. ⲥⲟⲩⲧⲛ ⲛⲏⲃ ⲛ ⲛⲓ-ⲟⲟ ⲁⲙⲛⲱⲧⲛ ⳨ ⲱⲛⲕ ⲍⲧⲧⲟ „ le roi seigneur de l'Égypte Aménôphis, qui donne la vie toujours. Les Égyptiens étaient très habiles et très ingénieux dans cet art d'arranger les hiéroglyphes et cela constitue une des différences les plus frappantes entre les anciennes inscriptions et celles des temps postérieurs, surtout celles des Romains que l'on reconnaît de loin à la manière ou négligeante ou forcée et toujours maladroite dont elles sont combineés. Voilà la raison principale pourquoi les Égyptiens devaient se réserver plusieurs signes pour chaque lettre (51).

III. *Caractères intermédiaires.*

31. La séparation des signes idéographiques et phonétiques n'est pas aussi nette ni àussi décidée que l'on serait porté à le croire si l'on ne considère que la plus grande simplification qu'un inventeur aurait pu donner à ce système composite. Mais justement parceque les Égyptiens étaient

(51) J'ai encore admis deux signes que j'ai noté par un astérisque parcequ'ils n'appartiennent pas à l'alphabet général proprement dit. Le premier signe qui paraît représenter un noeud de corde se trouve employé pour ⲟ on ⲱ mais très rarement dans les temps pharaoniques, et dans ces cas il n'est jamais remplacé par un signe homophone, preuve évidente qu'il avait une valeur spéciale. L'autre signe la *faucille* pour ⲙ se trouve au commencement de plusieurs paroles, notamment en ⲙⲉⲓⲟ, voir; ⲙⲏⲓ, la vérité; ⲙⲟⲩⲓ le lion; ⲙⲟⲩⲉ, l'éclat, et quelques autres; alors il ne varie pas non plus, de manière qu'il aurait fallu le mettre sous num. II. s'il eut été joint à une lettre constante. Il paraît cependant que ce sont toujours des voyelles qui suivent, surtout le *bras* ou l'*aigle*.

partis d'une écriture idéographique et que l'écriture phonétique n'était chez eux qu'un développement ultérieur de
leur écriture primitive et indigène, non une invention
survenue du dehors, ils ne pouvaient ni se détacher entièrement du principe idéographique, comme d'autres peuples l'ont fait, ni parcourir le long chemin qui mène
au phonétisme pur sans conserver beaucoup de traces des
degrés intermédiaires par où ils avaient passé.

32. Pour moi c'est un fait, une conviction acquise,
qui repose sur bien des observations analogues que je ne
puis produire ici, que, ni les peuples sémitiques, ni les Indiens, ni d'autres peuples qui se servent d'une écriture essentiellement syllabique n'ont développé cette écriture chez
eux; que c'est une écriture née autre part, soit chez les
Égyptiens, soit chez un autre peuple qui se servait d'une
écriture idéographique. Je le crois par la raison même
que cette écriture syllabique n'a conservé aucune trace
d'un degré antérieur dont elle serait partie, et qu'elle
suppose pourtant nécessairement.

33. Il en est de l'écriture et de beaucoup d'autres
sciences et arts, comme des plantes et des arbres fruitiers
qui ne se peuvent régénérer, ni porter des fleurs ou des
fruits d'une espèce plus noble et plus développée, qu'après
avoir été transplantés dans un nouveau sol. Nous voyons
en effet se répéter ce phénomène dans les écritures de
l'Europe, qui sont devenues purement alphabétiques du moment où elles ont été implantées chez nous, et n'ont conservé aucune trace de l'écriture syllabique dont elles sont
pourtant originaires. Les alphabets phénicien, hébreu, sanscrit et d'autres, quoiqu'ils eussent déjà développé de bonne heure quelque chose d'analogue à notre écriture de
voyelles et de consonnes, ne pouvaient cependant jamais
se détacher du principe enraciné de procéder par syllabes. Comme le nouveau caractère, le progrès décidé de l'é-

criture européenne doit par conséquent nous être la preuve la plus forte que son développement primitif n'appartient pas aux peuples de l'Europe, que c'est une plante
exotique et transplantée chez nous qui a poussé ce nouveau germe, ainsi, parceque nous trouvons dans l'écriture
égyptienne non seulement le principe *alphabétique* et le
principe *syllabique*, mais encore les traces de la première enfance de l'écriture, le principe *idéographique*, qui
même a pénétré et domine jusqu'à un certain point toutes
les autres parties, j'y trouve la preuve la plus évidente
que cette écriture est née en Égypte et s'est développée
en Égypte sans aucune influence ou importation du dehors.

Voyons maintenant comment en effet la tendance
profonde et innée de parler aux yeux par des images ou
par des symboles se manifeste partout, comment ce principe idéographique c'est entrelacé, pour ainsi dire, de la
manière la plus variée et la plus gracieuse avec le principe phonétique qui, quoique devenu la partie la plus im-
portante de l'écriture, ne semble pourtant qu'accompagner,
qu'illustrer autant que cela paraissait nécessaire, les signes
idéographiques qui furent toujours recherchés avec une certaine prédilection.

1. *Caractères initiaux d'une valeur phonétique spéciale.*

34. Nous trouvons d'abord une foule de mots qui,
exprimés autrefois par des signes idéographiques seulement et transcrits plus tard en lettres phonétiques, ont pourtant conservé pour première lettre phonétique le signe
idéographique même. On voit que par cela on ne changeait rien au principe même d'après lequel on avait créé
les signes phonétiques ordinaires. La *croix ansée* par exemple (pl. A. II. n. 3.) était le symbole de la vie, ⲱⲛⲕ.

On aurait pu admettre ce signe comme ⲱ dans l'alphabet général aussi bien que la chouette ⲙⲟⲩⲗⲁⲍ pour ⲙ, ou l'aigle, ⲁϩⲱⲙ, pour ⲁ. On ne l'a pas fait parcequ'il fallait se restreindre à un certain nombre. Mais on a excepté un seul cas, savoir le mot ⲱⲡ̄ϩ même, le seul mot dans toute la langue sans exception où ce signe représente la lettre ⲱ. On ajoutait le ⲡ et le ϩ de l'alphabet général et réunissait ainsi l'écriture idéographique et phonétique dans un seul groupe. De même la *table d'offrande* sert exclusivement comme ⲱ pour la parole ⲱⲧⲡ, *offrir*; le *luth* comme N pour la parole ⲛⲉϥⲣ̀, *bon, bien, bienfaisant*; la *tête* comme ⲁ pour ⲁⲡⲉ, le *premier* (52) etc. On pouvait, de cette manière, employer chaque signe figuratif ou symbolique au moins une fois phonétiquement, savoir dans la parole même dont il est le symbole et dans ses dérivés (53). Il fallait donc d'abord séparer, dans l'al-

---

(52) Champollion Gr. p. 240. s'est singulièrement trompé sur ce groupe. Comme il n'avait pas trouvé la tête ailleurs pour ⲁ, il croyait que dans ce groupe qui se rencontre très souvent dans le sens de *premier*, la tête était symbolique et le carré l'article masculin, et le traduisait par le mot vulgaire ϩⲟⲩⲓⲧ ou ϣⲟⲣⲡ qui ne se trouve point dans le dialecte sacré des hiéroglyphes. Mais l'article masculin n'est jamais placé après son substantif, et il aurait au moins dû revenir de son erreur en trouvant le féminin ⲁⲡ-ⲧ (pl. B. n. 53 a) et la forme plus complète ⲁⲡⲓ (n. 53. b). On rencontre souvent pour variante le poignard (pl. A. VII. b 26.) qui doit par conséquent être transcrit aussi par ⲁⲡⲉ. Le dialecte sacré formait donc le mot *premier*, *princeps* du nom de la tête même, ⲁⲡⲉ en copte; c'est ce qui explique le choix de l'hiéroglyphe qui souvent se trouve aussi seul. Le mot s'est conservé dans le dialecte memphitique ⲁⲫⲉ avec le sens de *primus*, *princeps*, voy. Peyron.

(53) On trouve par exemple la branche d'une certaine plante dans plusieurs mots qui ont de l'affinité vraie ou imaginée avec ⲥⲟⲩⲧⲡ̀ le *roi*.

50

phabet de Champollion, tous ces signes d'une valeur phonétique toute spéciale, et j'en ai donné un choix sur notre planche A. n. II., en les rangeant au dessous des lettres phonétiques générales et en ajoutant leurs complémens
qui sont toujours écrits en lettres ordinaires.

35. On comprend maintenant pourquoi on pouvait employer presqu'arbitrairement et souvent seulement d'après
le besoin calligraphique ou le seul signe initial, qui alors
est idéographique, ou bien tout le groupe, dont il faut alors
regarder le premier signe, mais uniquement pour ce cas,
comme phonétique. Champollion avait par conséquent
tort de renverser la question en appelant *abréviations* les
signes idéographiques auxquels on ajoutait quelques fois
leurs complémens phonétiques (54). Je n'ai pas encore rencontré une seule véritable abréviation phonétique. C'est
une de ces méprises auxquelles l'admirable génie de Champollion fut exposé par la nécessité, si heureuse sous beaucoup d'autres rapports, de fonder son premier alphabet
phonétique sur l'analyse des noms grecs et romains dans
lesquels il rencontrait en effet plusieurs signes employés
phonétiquement et sans distinction, qui dans les temps
pharaoniques avaient une valeur ou symbolique ou phonétique limitée. Mais ce n'était qu'un abus des temps postérieurs où on se permettait d'étendre le principe du phonétisme bien au-delà des limites primitives, une espèce
d'ostentation savante qui souvent aussi a rendu l'interprétation des inscriptions défigurées de cette manière du temps
des Grecs et Romains, plus difficile que celle des inscriptions pharaoniques.

36. C'est ce qui nous a aussi engagé à séparer pour
la première fois les *caractères qui ne furent employés
phonétiquement que dans les noms des empereurs ro-*

(54) Voy. la Gramm. p. 64. sqq.

mains et qui autrefois étaient tous ou symboliques ou initiaux. Je les ai arrangés sur la pl. A. sous n. III, de même que les signes initiaux, d'après l'ordre des caractères
de l'alphabet général.

2. *Signes initiaux d'une valeur phonétique limitée.*

37. Parmi les signes initiaux j'en ai rangé plusieurs
autres, marqués d'un astérisque, qui avaient cependant
une valeur phonétique plus générale. Ce sont des signes
qui s'employaient aussi souvent seuls et avec une signification idéographique, mais qui servaient en même temps à
représenter tous les mots ou parties de mots qui renfermaient
les mêmes lettres, quoiqu'elles eussent un sens souvent très
différent. Nous avons rencontré plusieurs fois la même licence
pour les caractères purement idéographiques. La corbeille
(pl. B. n. 85ᵃ. 7.) se prononce ⲛⲃ et désigne aussi bien le
seigneur ⲛⲉⲃ, que le *tout* ⲛⲓⲃⲓ. De même aussi nos signes initiaux, sans ou avec leurs complémens phonétiques,
représentent par fois des mots bien différens. Une certaine
bandelette (pl. B. n. 54.) représente toutes les paroles qui
se prononcent ⲙⲍ, ainsi la particule ⲙⲁⲍ, qui forme
les nombres ordinaux ; ⲙⲁⲍ, *remplir* ; avec le déterminatif d'une ceinture ⲙⲁⲍⲉ, la *ceinture* ; avec celui
d'un bras, ⲙⲁⲍⲉ, *cubitus*, l'*aune* ; avec celui d'une
aile, ⲙⲉⲍⲉ, l'*aile*, la *plume* ; avec celui d'une femme
assise, ⲙⲍ, nom d'une *déesse* ; avec l'addition d'un ⲧ
enfin et le déterminatif des régions, ⲙⲍⲓⲧ, le *nord* (55).

(55) Champollion a tort de regarder ce signe comme renfermant toujours les deux lettres phonétiques ⲙⲍ, même si un
ⲍ suit. Car si on n'a pas toujours ajouté le ⲍ, c'est que l'arrangement calligraphique ne le permettait pas, les deux signes ayant
de différentes dimensions. D'après Champollion il faudrait transcrire le groupe de l'aile par deux ⲍ, savoir ⲙⲍⲍ, au lieu de
ⲙⲉⲍⲉ d'après l'orthographe copte.

Les déterminatifs distinguent toutes ces significations suffisamment. Le *parallélogramme crénelé* (pl. B. n. 55.a) représente pour lui seul ou avec son complément ⲛ l'idée d'*établir*, *stabiliteur*, ⲙⲏⲛ; avec le déterminatif de l'hirondelle ⲙⲛ̀ c. ⲃⲏⲛⲓ, (pl. n. 55.b) l'*hirondelle*; avec celui des trois vases ⲙⲛ, (n. 55.c) les *constructions* etc. Mais ces deux lettres ne se trouvent pas seulement au commencement de beaucoup de paroles, elles se trouvent encore au milieu, comme en ϩⲥⲙⲛ c. ϩⲟⲥⲉⲙ, (n. 55.d) le *natron*; ⲥⲙⲛⲛⲟⲩ, (n. 55.e) c. ⲥⲙⲓⲛⲉ, *constituer*, *disposer*; ⲥⲙⲛⲛⲟⲩ (n. 55.f) c. ⲥⲙⲟⲩⲛⲉ, un certain *oiseau*; ⲁⲙⲛ (n. 55.g), ⲁⲙⲟⲛ, le dieu *Amon*, etc. Il faut même remarquer que ce groupe est exclusivement destiné à la combinaison des deux lettres ⲙ et ⲛ dans toute la langue, de manière qu'avant ⲛ on ne trouve jamais une autre forme de l'ⲙ, et si on rencontre quelques fois une autre lettre que ⲛ après le parallélogramme crénelé il faut le restituer dans la prononciation. C'est ainsi que j'ai trouvé le nom de l'hirondelle sans ⲛ, ou le nom de la ville de Memphis écrit avec le *parallélogramme* seul et le *luth* (pl. B. n. 56.a) au lieu des deux groupes phonétiques (n. 56.b) suivis de la *pyramide* et du *plan de ville* comme déterminatifs. Il faut prononcer et l'un et l'autre ⲙⲛ-ⲛⲟϥⲣ̀, c. ⲙⲏⲛⲛⲟⲩϥⲓ, ὅρμος ἀγαθῶν d'après Plutarque (56), l'*établissement*, le *port des biens*. Et voilà justement la liaison que ces caractères ont toujours conservée avec les caractères idéographiques purs et qui les exclut de l'alphabet général. Les exceptions qu'on pourrait rencontrer, reposent presque toujours sur ce que la lettre inhérente du caractère à demi idéographique est omise. On trouve par exemple sur le plus beau sarcopha-

(56) De Is. et Os. p. 369.

ge du musée du Louvre le nom du défunt Ⲁ-ⲍⲟ (pl. B.
n. 57.ᵃ) écrit avec le *serpent dressé* qui démande un ⲧ
après lui; mais bien d'autres fois on l'y trouve en effet avec
le ⲧ (n. 57.ᵇ) ce qui prouve qu'aussi le premier groupe
doit être lu Ⲁⲧ-ⲍⲟ. Le *hoyau* (pl. A. II. n. 8.) demande la *bouche* après lui ⲙⲣ; on trouve souvent les
deux plumes, ⲙⲁⲓ, *aimer*; la racine primitive cependant de ⲙⲁⲓ était ⲙⲉⲣⲉ. Mais je crains d'être de-
scendu déjà dans trop de détails. Je n'ai voulu que confirmer la règle et non discuter ici toutes les exceptions. Sur notre planche, j'ai ordinairement mis la signification principale sans égards aux mots où cette signification disparaît entièrement ou est changée par un
autre déterminatif. J'ai encore ajouté 11 signes de plus
dont Champollion ne connaissait pas encore la valeur phonétique. 1. *La téte* pour Ⲁ dans le groupe Ⲁⲡⲉ, *le premier*, dont j'ai parlé. - 2. *La femme avec deux pointes
sur le genou* pour Ⲁ dans le groupe Ⲁⲣⲓ, titre de femme, variante du groupe phonétique pl. B. n. 58. au
Rituel. - 3. 4. *Les quatre vases versant de l'eau* et *le nez*
ou *la téte de veau* (57) pour ⳓ dans le groupe ⳓⲉⲛ-ϯ,
le nez, résidant. - 5. *Le bras tenant un épis* ou *bouton de
fleur* (58) pour ⲥ dans le groupe ⲥⲱⲣ , *distribuer* .

(57) Voy. l'Appendix not. C.

(58) Le bras tenant un objet peu reconnaissable, mais qui
ressemble tantôt à un épis ou bouton de fleur , tantôt à une
petite pyramide sur une manche, se trouve surtout dans les pré-
noms des rois Aménophis I. et Horus. On l'y traduisait par *directeur* en prenant cet objet pour un sceptre qu'on ne trouve
cependant nullepart ailleurs. On ignorait sa prononciation. Or
j'ai trouvé ce caractère au Rituel de Paris P. II. §. VI. n. 14.
remplacé au passage correspondant du Rituel de Turin par le
même bras tenant le petit vase rond qui contient une offrande
fluide. Cela écartait déjà l'idée de *directeur*. Mais ce qui a levé

54

6. *L'oreil de veau* (59) pour Ⲥ dans le groupe ⲤⲰⲎ, *ouïr.* –
7. Un signe inconnu pour Ⲥ dont la prononciation est in-
dubitable par la fréquente variante du groupe phonétique pl. B. n. 60. au Rituel. – 8. *La cosse de la mi-
mosa nilotica* (60), ⲰⲟⲛⲦⲈ, pour Ⲱ ou ⲰⲘ. – 9. 10.
La chèvre sans téte et *les deux bras tenant une rame* (61)

toute incertitude, c'est que j'ai rencontré souvent ce même caractère ou comme déterminatif du groupe Ⲥⲣⲣ ou comme initiale régulièrement suivie de *la bouche* ⲣ, de manière que la
prononciation Ⲥⲣ ne saurait plus être douteuse, ce qui nous conduit naturellement à y reconnaître le mot copte ⲤⲰⲣ, *distribuer.* cf. Rit. P. I. §. III., §. IV., n. 2. (ter), P. II. §. VI. n. 14.
(bis) etc. Il faudra donc traduire le prénom d'Aménophis I.: *Soleil distributeur de l'offrande* et celui d'Horus: *Soleil distributeur des pays.*

(59) Horap. I, 45. Ἀκοὴν γράφοντες ταύρου ὠτίον ζωγράφουσιν.
„ Voulant écrire l'ouïe, ils représentent l' oreil d'un boeuf.,, –
On trouve souvent la variante phonétique ⲤⲘ (pl. B. n. 59.)
Ros. M. St. vol. I. p. 273. pl. XI. n. 1. vol. II. p. 13. pl. II.
n. 8.), et quelques fois aussi ⲤⲦⲘ (Ros. M. C. t. I. p. 43.) ce qui
correspond alors à la parole ⲤⲰⲦⲘ, *ouïr*, de la langue copte.

(60) Ros. M. St. II. p. 56. a trouvé et reconnu ce signe dans
le nom du roi Pischam où il se trouve tantôt seul tantôt avec
son complément Ⲙ. Il se rencontre souvent au Rituel, cf. P. II.
§. V. n. 34. §. VI. n. 1. P. III. §. I. n. 11. l. 4. 14., toujours avec
l Ⲙ à la suite. La prononciation Ⲱ ne repose que sur le nom
ⲰⲟⲛⲦ, à ce qu'il paraît. Je n'en ai encore trouvé aucune variante.

(61) Ces deux signes sont entièrement homophones et se
trouvent souvent comme variantes entre eux ou avec le *van*;
cf. Rit. Tur. P. II. §. X. n. 6. l. 3. avec la variante du Rit. Par.
(pl. B. n. 61.); P. II. §. X. n. 10. l. 5.; §. VIII. n. 11. l. 1. 5.
§. X. n. 9. l. 28. (pl. B. n. 62.); §. IX. n. 6. l. 13. (pl. B. n. 63.)
Le ⲛ suit toujours et s'il manque dans une variante il faut le
restituer dans la prononciation. – Outre ces signes, il en manque
encore plusieurs autres plus rares dans l'alphabet de Champollion que j'ai notés sur notre pl. B. n. 64-67. – N. 64.ᵃ se trouve

pour ♄ ou ♄ſ͵. – 11. Un *instrument* inconnu (62) pour ♄ ou ♄p surtout dans le groupe Τ· ♄poϯ, la *postérité.*

38. Champollion a encore reçu dans son alphabet une partie de signes idéographiques monosyllabes que j'ai rangés parmi les signes initiaux, parceque leur valeur phonétique est tout à fait exceptionnelle comme celle des autres. Nous parlerons plus bas de la petite ligne qu'on

7 fois comme avantdernière lettre entre N et Š dans le nom de *Domitianus* sur les obélisques de Bénévent et deux fois comme premier signe du nom de *Bénévent,* OƔ pour ß, avec les variantes du *lituus* OƔ et de la *jambe* ß. – N. 64.b a été noté par Champollion dans sa Grammaire comme ayant la prononciation de ⚭. Je ne sais pas sur quel rapprochement cette opinion repose ; mais j'ai trouvé cinq fois comme variante de ce caractère la bouche, p, dans différens manuscrits et dans différens groupes. Le groupe formé de la *bouche* redoublée et des *deux jambes qui marchent* Rit. Tur. P. II. §. X. n. 3. l. 3. se trouve deux fois dans la même colonne remplacé par ce même groupe avec l'initiale de notre signe replié. La même variante se retrouve deux fois dans un manuscrit de Florence comparé au Rit. de Turin. P. III. §. III. n. 2. l. 17. et 20. Enfin le groupe formé du *verrou* et de la *bouche* redoublée déterminé par le *bras tenant un bouton de fleur* R. T. P. I. §. IV. n. 2. l. 7. et ailleurs, nous montre notre caractère à la place de la première bouche dans la ligne précédente et ailleurs. – N. 65. se trouve au Rituel P. II. §. X. n. 9. avec la variante du *noeud coulant* dans un Rituel de Florence. – N. 66. se trouve souvent comme variante du *genou* dans le groupe noté sur la planche. Rit. P. I. §. IV. n. 2. l. 4. P. II. §. VIII. n. 3. l. 2. (bis) n. 4. l. 11. §. X. n. 8. l. 14. etc. – N. 67. est variante fréquente du trait, connu pour K dans plusieurs groupes, notamment avant ſſ; tous les deux signes se trouvent ou seuls ou avec le complément ſſ en beaucoup de passages, et en différens mots cf. Rit. P. II. §. I. n. 18. l. 4. n. 19. l. 2. n. 27. l. 2. §. X. n. 6. l. 4. 5 Dans tous ces passages le rituel de Paris a le signe inconnu, celui de Turin le trait bouclé.

(62) Voy. l'Appendix not. D.

trouve à côté de la plupart de ces monosyllabes. J'ai enfin omis tout le reste qui ne contient que des caractères ou décidément idéographiques comme le *vautour*, (pl. A. VII.c n. 2.) symbole de la mère (63), la *navette*, (pl. A. IV. n. 28.) symbole de la déesse *Neith*, car le segment de sphère est ici signe du genre féminin; les *trois feuilles* signe figuratif du champ КОI, (pl. A. IV. n. 29.); ou des caractères qui ne sont que rarement employés et la plupart dans la basse époque des Ptolémées et Romains ou dans l'écriture que Champollion appelle secrète.

3. *Signes idéographiques prenant la seconde place dans un groupe phonétique.*

39. Nous avons déjà vu plusieurs exceptions de la règle générale qui exclut les signes idéographiques du milieu des mots. Je dois maintenant établir une nouvelle exception. Il y a des groupes dont on voulait déterminer plus spécialement la prononciation du premier signe, soit parce qu'il pouvait être douteux, soit qu'il eut changé de prononciation. On écrivait alors tout simplement sa pro-

(63) La seule exception que je connaisse serait le nom de la cavale qui s'écrit de trois manières ou CC (pl. B. n. 63.ᵃ), ou CCɰT (n. 68.ᵇ) avec le ɰ ordinaire, ou CC ɰ&ɤ-T (n. 68.ᶜ) avec le vautour. Suit toujours le déterminatif générique des quadrupèdes ou le déterminatif figuratif d'une cavale. La variante d'un simple ɰ au lieu de CC (Ros. M. St. t. II. p. 8. pl. I. n. 3.a) doit avoir un autre sens, si ce n'est pas une méprise du sculpteur qui avait pris les deux *verrous* pour les deux barres de l'ɰ. Or j'ai déjà dit que les Égyptiens ne se permettaient jamais de véritables abréviations phonétiques. Nous ne connaissons pas ce mot dans la langue copte, mais bien dans l'hébreu où il se retrouve dans סוס, *sous*, cheval, sans M. Je crois par conséquent que CC-ɰ&ɤ-T est un mot composé, qui veut dire *cavale mère, jument poulinière.*

nonciation avant, de manière que le signe idéographique n'était plus l'initiale, mais la seconde lettre. Le *traîneau* (pl. B. n. 69.ᵃ) est le symbole du dieu Atmou (ⲦⲞⲨⲘ ?) et il forme souvent tout seul son nom symbolique. D'autres fois, mais rarement, ce caractère reçoit son complément (n. 69.ᵇ) et reste initiale (64); ordinairement il a son complément et de plus sa prononciation Ⲧ avant lui (n. 69.ᶜ); souvent aussi on omettait son complément et ne mettait que la prononciation de l'initiale (n. 69.ᵈ) (65). Enfin on pouvait entièrement omettre le signe idéographique et écrire tout le groupe en lettres phonétiques générales (n. 69.ᶠ) ce qu'on faisait toujours dans l'écriture hiératique (n. 69.ᵍ). Cette dernière circonstance fut déjà remarquée par Champollion (voy. son Panthéon n. 26.), circonstance dont il tirait la juste conclusion que ce signe n'entre pas dans la prononciation du groupe phonétique. De la même manière s'explique le groupe Ⲛ.ⳘⲦ (n.70.), première partie du nom de *Nect-anebus*, copt. ⲚⲁϭⲏⲦ, *victorieux*, qu'on a transcrit jusqu'ici ⲚⲁⳘϣⲧ, quoique le Ⲛ initial ne soit ici que la prononciation du second signe, qui se trouve aussi tout seul précédé de sa prononciation Ⲛ et sans complément (66).

(64) Rit. Par. P. II. §. VIII. n. 12. l. 3. Le Rituel de Turin met le Ⲧ.

(65) On met souvent aussi la feuille avant ce groupe (pl. B. n. 69.c), comme on la met avant beaucoup d'autres; comp. Ⲧϥ et ⳘⲦϥ, le père; ⳘⲤⲦ, et ⳘⳘⲤⲦ, le dieu Amset; Ⳙⲛ et ⳘⳘⲛ, le dieu Amon; ϥⲧⲞⲨ et ⳘϥⲦ, quatre; ⲛⲔ et ⳘⲛⲞⲔ, moi; ⲞⳆ et ⳘⲞⳆ la lune; ⳆⳘ' et ⳘⳆⳘ', dans; ⲞⲨⲣⲱ et ⳘⲞⲨⲣⲱ, la reine; ⲔⲔ et ⳘⲔⲔ, les ténèbres; Ⳇⲣ et ⳘⳆⲣ, une région mystique; etc. Jusqu'à cette heure je n'aurais à offrir que des conjectures à l'égard de son explication.

(66) Voy. les exemples les plus frappans de ce genre de groupes réunis dans la note n. C. de l'Appendix.

4. *Caractères déterminatifs.*

40. Après avoir ainsi enrichi et restreint à la fois l'alphabet phonétique de Champollion, il est temps, je crois, de passer à la seconde classe principale des caractères intermédiaires, aux *déterminatifs*. C'est une des parties les plus intéressantes de l'écriture hiéroglyphique et qui répand sur tout le système la plus grande variété et un charme tout particulier.

Si nous avons vu jusqu'à présent, comment les caractères idéographiques se rapprochaient de l'écriture phonétique, en devenant eux-mêmes phonétiques en certains cas, nous verrons maintenant un genre de combinaison et d'explication mutuelle de ces deux ordres de signes, où chacun d'eux conserve parfaitement sa nature à lui et ne se réunissent qu'extérieurement.

41. Nous avons déjà plusieurs fois parlé de cette tendance primitive et continuelle de ne pas renoncer aux signes symboliques. Et en effet, cette écriture symbolique propagée de génération en génération depuis tant de siècles, s'était trop identifiée avec la religion, les mythes, les coutumes des Égyptiens pour pouvoir jamais être remplacée par le système uniforme, sans attrait ni pour l'oeil ni pour la fantaisie, d'une écriture purement phonétique. Qu'on se figure ces miliers d'inscriptions brillantes et imposantes, par la variété des objets et des couleurs, qui couvrent les temples et les palais, les obélisques et les statues, transformées dans une répétition monotone de ces 20 ou 30 signes de notre alphabet général. Quel aspect repoussant, prétentieux, insupportable sous tous les rapports, que celui d'une telle écriture ; elle cesserait dès le moment d'être monumentale.

42. S'il y a là par conséquent un intérêt national à ne pas trop repousser l'écriture idéographique, le développement même du système hiéroglyphique comme nous l'avons poursuivi jusqu'ici , nous explique aussi le besoin particulier de ramener à l'unité chaque groupe phonétique en y joignant un signe symbolique, de le concentrer, pour ainsi dire, dans un seul symbole et de le séparer ainsi du groupe suivant, comme nous le faisons, en laissant un intervalle après chaque mot. Cela devenait d'autant plus nécessaire qu'on cessait de bonne heure de distinguer les voyelles , et nous avons déjà vu (§. 37.) plusieurs exemples de paroles, très différentes, écrites absolument avec les mêmes lettres et distinguées uniquement par les différens déterminatifs. Régulièrement chaque groupe devait renfermer un signe idéographique.

Nous avons vu comment on subvenait en partie à ce besoin en plaçant le signe symbolique à la tête du mot. Mais cet emploi n'admettait qu'un nombre assez borné de signes idéographiques. Les symboles commençaient à manquer; l'ancien fonds s'était enfin épuisé ; il était difficile et dangereux d'admettre trop d'innovations; et même la difficulté de la représentation matérielle s'y serait enfin opposée. Tout cela conduisait nécessairement à l'essai de la *généralisation* des signes symboliques, afin d'en gagner un pour chaque groupe à moins de frais. Les signes initiaux n'admettaient pas, d'après leur nature, cette généralisation ; ils ne pouvaient avoir qu'une valeur toute spéciale.

43. On inventait donc pour satisfaire à ce nouveau besoin les *signes déterminatifs* , invention très fertile et que l'on développait avec beaucoup de prédilection. On divisait à cet effet tous les objets en différentes classes, et l'on fixait pour chaque classe un signe caractéristique et facile à tracer, qu'on ajoutait à la fin de chaque mot appartenant à cette classe. On *déterminait* surtout ainsi les groupes qui n'avaient pas de signe idéographique pour initiale.

44. Comme les déterminatifs ont au fond le même but que les signes initiaux, il n'est pas rare de trouver les mêmes caractères tantôt comme déterminatifs, tantôt comme initiaux, tantôt enfin seuls dans leur valeur primitive et symbolique. On trouvera plusieurs exemples plus bas (Append. not. C.), où nous parlerons des groupes ϨⲚ, ⲘⲈⲒⲞ, ⲘϨⲒ, ⲤⲚ, qui ont tous de plus la particularité de mettre la prononciation avant l'initiale. Le *luth*, symbole ou initiale très fréquent du groupe ⲚⲞⲨϤⲢⲈ (pl. A. II. 9. et p. 31.) se trouve comme déterminatif sur un vase en bronze de Turin dans un nom de femme (pl. B. n. 80.) ⲢⲞⲘⲠⲈ-ⲚⲞⲨϤⲢⲈ, *la bonne palme*. Il y a même encore un exemple du temps des Romains dans le nom d'Antonin Pie, dont la première syllabe s'écrit ou par *l'œil avec le sourcil* seul (pl. B. n. 81.ᵃ Obél. Barb. côt. II.) ou avec l'*œil* comme initiale (pl. B. n. 81.ᵇ Ros. M. St. vol. II. pl. XXVII. n. 11.ʰ); ou bien avec l'*œil* comme déterminatif du groupe phonétique ϬⲚ (pl. B. n. 81.ᶜ Obél. Barb. bis).

45. Or, ces signes déterminatifs sont plus ou moins génériques, c'est-à-dire qu'ils s'appliquent à un nombre plus ou moins grand de mots appartenant à la même classe. Et il y a même une quantité très nombreuse de signes surtout figuratifs d'une valeur si spéciale qu'ils ne s'appliquent qu'à un seul mot. Champollion dans le riche et excellent chapitre de sa grammaire qui traite cette partie, les divise par conséquent en *déterminatifs d'espèce* et en *déterminatifs de genre*, en mettant les premiers en avant. Je crois que les déterminatifs de genre sont les plus anciens et qu'ils ont donné naissance aux déterminatifs d'espèce que l'on devait affectionner dans les inscriptions pompeuses destinées à décorer les murs des temples et autres grands monumens où ils servaient plutôt d'ornemens flatteurs à l'œil par la variété et le talent de l'artiste

qui s'y déployait, que pour répondre à un véritable be- soin , comme faisaient les déterminatifs de genre. Ces der- niers sont tous des signes très simples qui, par cela mê- me qu'ils s'appliquent à une grande quantité de mots, of- frent un avantage bien réel à la lecture. Aussi se sont- ils conservés presque tous dans l'écriture hiératique et une partie même dans le démotique, tandisque la foule variée et brillante des déterminatifs d'espèce en est presque en- tièrement disparue. La plupart des déterminatifs spéciaux se trouvent aussi seuls, sans groupe phonétique, et il sem- ble souvent que le groupe phonétique accompagne le si- gne figuratif, tandisque celui-ci devait plutôt accompa- gner et déterminer l'autre. Il n'est pas rare de trouver même deux et jusqu'à trois déterminatifs dont le dernier est alors le plus générique. CϢΠΠ, le lotus (pl. B. n. 82.) a le déterminatif spécial d'une fleur de lotus et le déter- minatif générique de toutes les fleurs. ϫϢΠ-Ⲧ, l'hirondel- le, nom de femme, (pl. B. n. 83.) est suivi du déterminatif spécial de l'hirondelle et du déterminatif générique des femmes.

46. J'ai donné sur notre planche A. n. V. un choix de déterminatifs génériques de substantifs et de verbes. On reconnaîtra facilement les rapports entre la représen- tation et sa signification. Le déterminatif des quadrupèdes représente *la partie postérieure d'un animal* avec ses pat- tes et sa queue ; celui des métaux *trois grains* pris pro- bablement des grains d'or dont on se servait beaucoup en Égypte ; celui des membres humains n'est pas encore re- connu ; l'angle des régions non plus ; le signe suivant re- présente *le plan d'une ville* ; et celui qui vient après *les inégalités d'un pays montagneux* ; viennent *les ondes de l'eau* ; *la cassolette avec la colonne de fumée* ; *la pierre de taille* ; *le plan d'une maison* ; *le moineau* , fléau de l'Égypte ; un *homme* dans une pose inconnue ; un *canif*

62

pour tailler les roseaux ; *deux jambes* pour indiquer le mouvement ; *le bras armé*; *le couteau* ; l' *homme qui porte son doigt à la bouche.* Les petits signes qui suivent seront expliqués tout à l'heure.

47. Dans la colonne suivante n. VI. on trouve un choix de déterminatifs d'espèce avec leur groupes phonétiques. La plupart ont été mentionnés spécialement dans le texte.

5. *Signes déterminatifs grammaticaux.*

48. Il me reste donc à dire encore quelques mots sur les signes distinctifs que j'ai ajoutés aux déterminatifs génériques de la colonne n. V. Ils se composent tous d'une petite ligne et du segment de sphère ; et sont tous des formes grammaticales.

Des trois premiers signes on connaît déjà le second, le *segment de sphère*, signé du genre féminin. Il se met en hiéroglyphes aussi constamment *après* le substantif, qu'on le met en copte *avant*, et Champollion, disant dans sa Grammaire p. 175. qu'il „ *se place indifféremment en préfixe ou en affixe* „ ne peut avoir eu en vue que quelques rares exemples de signes idéographiques où on l'a mis, dans un but purement calligraphique, à une place laissée vide par la forme de l'objet représenté ; par exemple audessous de la hache, symbole du dieu, ou du vautour, symbole de la mère (pl. B. n. 84.) La preuve en est que cela ne peut arriver que pour des signes idéographiques, et jamais dans des groupes composés de plusieurs signes ; et même pour les signes idéographiques, l'écriture hiératique repousse complétement cet arrangement calligraphique. Au contraire, l'article composé du *segment* et de l'*aigle* (pl. A. VII. c. 26.) ⲧⲁ, qui originairement était plutôt démonstratif, se place tout aussi régulièrement *avant* son substan-

tif. De même l'article *masculin*, soit simple, soit composé
(pl. A. VII. c. 25.) et l'article du *pluriel* se placent *avant*,
sans exception. Cet usage constant est déjà la preuve la
plus évidente que le *segment de sphère*, signe du genre
fémimin, se *prononçait* aussi autrefois dans le dialecte
sacré *après* son nom, c'est-à-dire qu'il était plutôt une désinence qu'un article (67).

49. Nous trouvons souvent le même signe avec une petite ligne attenante après des hiéroglyphes idéographiques, et
ailleurs la ligne seule. Champollion (Gr. p. 58.) dit
que ces deux notes, l'une aussi bien que l'autre , désignent
le passage d'un caractère phonétique ou symbolique à l'état
figuratif. Or l'observation seule que ces deux notes ne se
remplacent jamais dans les variantes d'un seul et même hiéroglyphe, doit nous convaincre que leur signification n'est
pas la même, et une confrontation de tous les exemples que
j'ai pu rassembler, m'a démontré au contraire que *tous les
signes affectés de la ligne seule sont des masculins, et tous*

(67) Je crois trouver une trace de cette terminaison féminine
dans le passage de Plut. de Is. p. 374 : Τὴν δ'Ἴσιν ἔστιν ὅτε καὶ Μουθ
προςαγορεύουσι. Σημαίνουσι δὲ τῷ ὀνόματι μητέρα. Or le nom de *mère*
est un des plus fréqueus de l'Isis, il s'écrit par le vautour, symbole de la mère; mais son nom n'est plus en copte ⲘⲀⲨ-Ⲧ ,
mais Ⲧ-ⲘⲀⲨ ; l'article est passé avant. Je crois de même, que
le Ⲧ de *Neith* n'est que terminaison féminine ⲚⲎⲒ-Ⲧ. La langue copte elle-même a conservé des traces de cette ancienne
terminaison dans le Ⲥ , terminaison féminine des adjectifs ,
ⲦⲎⲢ-Ϥ , totus; ⲦⲎⲢ-Ⲥ , tota; le Ϥ dérive du Ⲡ masculin , le
Ⲥ du Ⲧ. – Il y a encore d'autres traces de la terminaison Ⲧ dans
la langue copte , qui ne peuvent pas être développées ici. –
J'ajoute encore que si Champollion Gr p. 178. parle du *segment de
sphère* et de l' *œuf* (pl. A. V. n. 3.) comme d'une variante du
segment seul pour des noms communs en général, il faut restreindre cela aux déesses, aux animaux femelles divinisées et aux
reines.

ceux qui de plus ont le segment sont des féminins. Champollion pouvait se tromper sur ce fait important parceque une grande partie de ces signes ne se recontrent jamais en lettres phonétiques, de manière qu' il se trouvait souvent obligé de recourir à la langue copte qui lui suggérait alors quelques fois des mots que le dialécte sacré n'avait jamais possédés, et qui ne lui présentaient par conséquent pas toujours le genre vrai. Nous avons déjà vu un exemple dans le mot féminin ΙϷΙ‑Τ, l' *œil*, auquel Champollion avait substitué le mot copte masculin Π‑ϐⲁⲗ. Pour m'assurer d'avantage du fait dont je m'étais aperçu par la confrontation des exemples dont la prononciation était connue, j' ai observé dans tous les passages où je rencontrais un tel signe, le genre des adjectifs ou pronoms qui y étaient joints, et on en trouvera les résultats sur notre pl. B. n. 85. (68). La petite ligne n' est pas essentielle à côté du segment de sphère ; presque tous les exemples qui portent les deux signes se rencontrent aussi avec le segment seul, et la petite ligne se trouve beaucoup plus souvent avec les masculins qu'avec les féminins. La raison s'en conçoit si on regarde le but spécial de ces deux notes et l'origine qu' elles ont probablement eue.

50. Ce but est de désigner l' hiéroglyphe qu'elles accompagneȵt comme parole entière, comme substantif; car il faut bien remarquer qu'elles n'affectent jamais les verbes. Voilà pourquoi on les trouve rarement avec des signes figuratifs qui ne soient facilement exposés à des méprises, mais au contraire on les trouve avec des signes qui, ou comme lettres phonétiques ou comme initiales ou comme déterminatifs sont souvent dépouillés de leur sens primitif (69); voilà pourquoi encore on les mettait aussi quand un

______

(68) Voy. l'Appendix not. D.

(69) Ce n'est guère que le *soleil* et l'*angle* qui gardent quel-

signe entrait comme parole entière dans un composé (70),
ou lorsque la parole entière changeait de signification (71).
Or pour les noms féminins, l'addition du segment de sphère suffisait pour les caractériser comme substantifs. Pour
les masculins il n'y avait pas de terminaison caractéristique,
si ce n'était la ligne même; et c'est précisément ce qui
me paraît le plus probable. Nous avons déjà vu que la
vraie opposition n'est pas entre *ligne* et *ligne avec le
segment*, mais entre *ligne* et *segment*. Il est bien naturel
de supposer qu'il y avait antrefois une terminaison masculine analogue à celle des féminins. Et nous en trouvons
en effet les traces encore dans la terminaison -ϥ des adjectifs masculins dans la langue copte. S'il s'en trouvait, on
l'exprimait aussi sans doute, et il semble que cette ancienne terminaison pouvait le plus facilement se conserver
dans la partie la plus ancienne de l'écriture, dans l'écriture idéographique, à laquelle nous trouvons en effet restreint
l'usage de la petite ligne. Si on considère de plus que
cette ligne se voit souvent très grosse dans les grands
monumens et qu'au contraire le carré, représentant l'article masculin ⲡⲈ avant les paroles, est toujours oblong
et souvent très mince, l'idée se présente d'elle - même
que le carré n'est qu'une autre forme de la ligne simple. Ce fait, s'il est vrai comme nous le croyons, con-

quefois la petite ligne lorsqu'ils ne sont que déterminatifs. C'était
alors peut-être la calligraphie qui favorisait de telles exceptions
en cherchant un complément local, pour ainsi dire, pour remplir
la largeur de la colonne.

(70) Cf. le nom de Nectanèbe (pl. B. n. 9.), celui de ϨⲀⲒ-
ⲚⲞϤⲢⲈ (pl. B. n. 80.), celui de ⲤⲀ-ⲠⲈ-ϢⲈ-ⲢⲞ (pl. B. n. 21.)

(71) La bouche avec la ligne peut signifier figurativement
la *bouche* même, ou symboliquement le *chapitre*, ou bien la
porte avec le déterminatif des battans de porte. Plusieurs substantifs deviennent prépositions et gardent néanmoins la ligne.

firmerait d'ailleurs d'une manière très surprenante une observation linguistique que j' ai faite ailleurs (72). Il n' est pas difficile d' imaginer, comment la petite ligne, lorsque la terminaison Ⲣ eût disparu dans la langue (et je présume que cela avait eu lieu de très bonne heure) et ne se trouvait réellement plus dans l' écriture qu' après des signes idéographiques, pouvait être méconnue plus tard et prise pour une indication de l'état idéographique en général, de manière qu' on la joignait aussi au segment de sphère des signes idéographiques féminins, sans en faire cependant un élément nécessaire.

51. Le duel fut désigné ou figurativement par le redoublement de l'objet, ou par le déterminatif figuratif de deux lignes droites (73), exprimant le nombre *deux*, ou par la terminaison *phonétique* ϯ ou ⲓ (74) qui est la même pour les deux genres : ⲚⲞⲨⲧⲣ ⲤⲞⲚ-ϯ, *les deux dieux frères* (Ch. Gr. p. 165. Voy. pl. B. n. 88.); et par fois le genre féminin est encore noté avant la terminaison du duel ⲘⲚ-ⲧ-ϯ (pl. B. n. 87.b).

52. Le pluriel enfin fut désigné ou figurativement par la triple répétition de l'objet ⲚⲒ-ⲚⲞⲨⲧⲣ (pl.B.n.89.ᵃ), ou par le déterminatif figuratif des trois lignes (pl.B.n.89.b), ou bien par la terminaison phonétique -Ⲟⲩ, à laquelle

(72) Voy. l'Appendix note E.

(73) Champollion Gr. p. 163. ne mentionne que les deux lignes obliques seules ou avec le segment de sphère qu'il paraît regarder comme symbolique. Les lignes droites se rencontrent souvent, ⲘⲚⲞϯ-ϯ les deux mamelles (pl. B. n. 87.a) Rit. Tur. avantdernière ligne; ⲧⲚϩⲞⲨ-ϯ les deux ailes (pl. B. n. 87.b) Rit. Tur. P. II. §. III. n. 18. l. 14.; ⲣⲡⲒ-ϯ, les deux yeux (pl.B.n.87.c); Ⲙⲉϩⲉ-ϯ, les deux plumes (pl.B.n.87c.) Rit. Busca.

(74) L'affaiblissement de la syllabe ϯ en ⲓ a aussi lieu pour la terminaison féminine du singulier.

on joint ordinairement , mais pas toujours , les trois lignes ⲙⲥ-ⲟⲩ (pl. B. n. 90.)

-----

53. Pour faciliter l'application de notre alphabet aux monumens, j'ai encore ajouté en trois colonnes (pl. A. n. VII.)
un choix des principaux titres de rois ou particuliers,
les dénominations de parenté et *les pronoms les plus ordinaires* ; sous n. VIII. *les nombres*; et sous n. IX. *les
mois*. On voit que l'année des Égyptiens était divisée en
tétrades, dont la première représentée par un jardin, ϢⲎⲎ,
embrassait originairement les quatre mois du printemps,
la seconde, ϨⲢ, c. ϨⲢⲈ , nourriture , les quatre mois
de récolte , et la troisième, ϢⲰⲦⲈ Ⲛ̀ ⲘⲰⲞⲨ, réservoir
d'eau , les quatre mois d'inondation. Les mois traversaient
cependant tour-à-tour tout le cercle de l'année, puisque
les Épyptiens avaient une année vague. Dans le dernier
compartiment enfin, on trouve d'abord sous n. X. les trois
noms de *Ptolémée,Cléopatre* et *Alexandre* dont la décomposition par Champollion donnait naissance à toute la science hiéroplyphique, et sous n. XI. les *cartouches royaux
qui se trouvent sur les obélisques de Rome*. Il y en a
parmi eux de toutes les époques marquantes excepté de celle
des Lagides à laquelle appartiennent les trois noms de n. X.

APPENDIX.

Note A. (voy. pag. 19.)

Champollion (Gramm. Ch. I. §. 37.) fait appartenir l'écriture
hiératique de Clément à l'écriture *sacrée* d'Hérodote, de Diodore , et des Inscr. de Rosette et de Turin. M. *Letronne* cherche
à développer plus en détail la même opinion dans son Examen
du passage connu de Clément, inséré au Précis Hiéroglyphique de
Champollion p. 384. suivv. II. éd. Voici l'état de la question.

Hérodote, Diodore, et les Inscr. de Rosette et de Turin ne font
que deux divisions, Clément seul en fait trois, Leurs expressions
sont les suivantes :

Hérodote:	γράμματα ἱερά	δημοτικά	
Diodore.	γράμματα ἱερά	δημώδη	
Inscriptions;	γράμματα ἱερά	ἐγχώρια	
Manéthon:	γρ. ἱερογραφικά ou θεῶν γράμματα		
Clément:	γρ. ἱερογλυφικά	ἱερατικά	ἐπιστολογραφικά

Les trois écritures des monumens correspondent évidemment aux
trois expressions de Clément, qui les caractérisent parfaitement
bien. Il ne peut pas y avoir de doute non plus que l'*hiéroglyphique* de Clément doive se retrouver dans l'écriture *sacrée*
d'Hérodote, et l'*épistolographique* dans son écriture *démotique*.
Mais la question est de savoir, de quel côté il faut placer l'*hiératique* de Clément. L'usage moderne s'est décidé pour MM.
Champollion et Letronne, parcequ'on a retenu les deux premières expressions de Clément en échangeant sa troisième con-
tre la seconde d'Hérodote. Aussi ne prétendrai-je pas vouloir
changer cet usage; il importe très peu, si les méprises qui pourraient s'y attacher sont écartées.

Examinons d'abord le raisonnement du célèbre antiquaire
français dont l'autorité imposante doit nous engager d'autant
plus à examiner scrupuleusement une opinion que nous ne sau-
rions partager. 1. ,, Quant à l'hiératique, dit-il, il est certain
que c'était une espèce de caractères *sacrés*, puisque, selon Clément d'Alexandrie, c'était celle dont les *hiérogrammates* (ou
greffiers sacrés) se servaient ,, On voit que cette raison ne saurait être concluante; car les greffiers n'étaient sûrement pas
appelés sacrés à cause de l'écriture sacrée dont ils se servaient,
mais à cause de la littérature sacrée dont ils étaient chargés.
2. *M. Letronne* appuye sur ce que l'hiératique est une tachygraphie *hiéroglyphique*. Il aurait dû seulement insister sur le mot
tachygraphie, qui à lui seul devait écarter toute pensée à une
écriture *sacrée*; car qu'est ce qui peut mieux différencier une
écriture populaire d'avec une écriture sacrée que son caractère
cursif. 3. M. Letronne dit que Clément se sert du mot ἱερογλυφικά, caractères sacrés *sculptés*, à la place de ἱερά, pour laisser

entrevoir que l'hiératique était une écriture sacrée *écrite*,, qu'on pourrait appeler *hiérographique* ". Mais si on veut prendre l'expression de Clément dans le sens le plus strict, elle est toujours trop étroite; car l'écriture hiéroglyphique ne fut pas seulement sculptée, mais aussi écrite, et nous trouvons justement l'expression ἱερογραφικά, que M. Letronne propose pour l'écriture hiératique, employée par Manéthon, non pas pour l'écriture hiératique, mais bien pour l'écriture hiéroglyphique. Clément nommait l'écriture sacrée hiéroglyphique pour la désigner ainsi plus clairement en rappelant son emploi principal. Je pourrais faire valoir tout aussi bien pour mon opinion les deux expressions spéciales d'hiératique et épistolographique vis-à-vis de l'expression plus générale de démotique chez Hérodote. 4. Le quatrième point de M. Letronne contient une justification de l'expression ἱερά au lieu de ἱερογλυφικά dans l'inscription de Rosette. On voit que pour nous cette expression n'a pas besoin d'être justifiée parcequ'elle est employée au propre. Le mot ἐγχώρια ne décide ni pour l'une, ni pour l'autre opinion.

Une simple inspection des trois écritures en question suffirait pour qu'on ne revint pas d'avantage sur la véritable nature de l'écriture hiératique. Une écriture sacrée ne peut être qu'une, et exclut, d'après sa nature, un caractère essentiellement cursif, comme nous le trouvons dans l'écriture hiératique. Je rappelle le dévanâgari des Indiens et l'écriture carrée des Hébreux. Si nous cherchons les différences caractéristiques entre l'épistolographique, comme appartenant sans aucune contestation au *démotique* et l'écriture hiéroglyphique, comme appartenant sans doute à l'écriture *sacrée,* on n'en trouve absolument pas d'autres que celles qui constituent aussi la différence entre l'hiéroglyphique et l'hiératique. Il y en a quatre principales.

1. Tous les *hiéroglyphes* soit sculptés soit écrits présentent des figures d'objets physiques faciles à reconnaître. L'écriture *hiératique* consiste au contraire en caractères dont aucun ne saurait être reconnu, et qui paraîtraient tous des signes de pure convention, si on ne pouvait les confronter signe par signe avec les hiéroglyphes dont ils sont les abréviations. En un mot, l'une est une écriture monumentale, l'autre une écriture cursive.

2. La direction des *hiéroglyphes* la plus ancienne et la plus usitée de tous les temps, et la seule, presque sans exception, dans

les papyrus, est celle de haut en bas en colonnes *verticales* qui se suivent comme chez les Chinois de droite à gauche. Les papyrus *hiératiques* sont au contraire constamment écrits en lignes *horizontales*, et je ne connais, à cet égard, aucune exception.

3. L'arrangement des signes *hiéroglyphiques* entre eux ne correspond souvent pas exactement à l'ordre de la prononciation, mais suit plutôt un principe calligraphique. Les signes *hiératiques* suivent constamment l'ordre exact de la prononciation.

4. L'écriture hiératique exclut beaucoup de signes figuratifs ou symboliques dont la reproduction serait trop compliquée pour une écriture cursive. Elle admet par conséquent plus d'expressions phonétiques que l'écriture hiéroglyphique.

Or, l'écriture *démotique* est une écriture *cursive* avec quelques abréviations de plus. Elle se lit constamment en lignes *horizontales*. Elle *suit exactement la prononciation* de son dialecte, et *évite les signes figuratifs et symboliques* encore d'avantage sans cependant les abandonner entièrement.

Il me paraît que cet aperçu doit lever toute incertitude relativement à la nature non sacrée de l'écriture hiératique. Mais on doit s'apercevoir en même temps que les différences qui existent entre l'écriture hiératique et démotique sont trop légères pour constituer deux écritures distinctes dans un usage simultané, comme nous le voyons depuis les Psamétiques jusque sous les empereurs, s'il n'y avait pas une autre raison pour cela.

Et cette raison n'est autre que la différence du dialecte, comme je l'ai dit dans le texte. Cette différence bien qu'elle soit de la plus haute importance pour le déchiffrement des différens monumens, a été cependant presque entièrement négligée jusqu'à présent. C'est pourquoi j'en dirai encore quelques paroles.

Nous savons par les auteurs grecs que les Égyptiens avaient un dialecte *sacré* et un dialecte *populaire*. Il s'entend que le peuple ne parlait pas ces deux dialectes dans le même temps, mais que le dialecte sacré était le langage le plus ancien conservé seulement par les écrits, et qui ne pouvait pas s'altérer, parceque les anciennes inscriptions des temples et monumens de tout genre, exposées aux yeux de tout le monde, devaient arrêter toute innovation. C'était la langue savante des prêtres et des castes instruites, et par conséquent, comme le sanscrit pour les Indiens encore aujourd'hui, et comme le latin pour l'Europe du moyen âge, la langue des livres. Il s'entend aussi, que la langue du peuple ne pouvait pas s'arrêter pour cela dans sa marche tracée, qu'elle devait s'éloigner toujours plus de la langue classique. C'est ce que nous trouvons en effet en comparant la langue des hiéroglyphes avec la langue copte qui doit nous représenter le dialecte populaire. Il ne conviendrait plus aujourd'hui d'essayer d'accréditer l'étude des hiéroglyphes en faisant croire que la langue copte ne diffère en rien de la langue des hiéroglyphes. Nous connaissons avec une entière certitude beaucoup de mots qui ne se trouvent plus dans la langue copte et beaucoup qui ont été ou altérés ou remplacés par d'autres. Il ne faut pas se dissimuler non plus que la grammaire même a été altérée en bien des particularités; cela ne pouvait pas être autrement dans une durée de langue de plus de 3000 ans. Mais il ne faut pas oublier avec tout cela que la langue égyptienne n'avait pas autant à perdre ou à altérer qu'une langue indogermanique et que sa structure ressemble beaucoup plus à celle des langues sémitiques. Les différences dont nous parlons sont cependant assez nombreuses et assez marquées pour constituer deux dialectes, et on ne saurait plus douter que nous avons là justement les deux dialectes dont les anciens nous parlent. Nous ne pouvons pas alléguer un exemple plus frappant pour ce que nous venons d'avancer que le passage du prêtre égyptien Manéthon (ap. Joseph. c. Ap. p. 445.) qui en expliquant le mot ὕκσως, par lequel on désignait les peuples pasteurs, débordés dans l'Égypte du temps de la 15me et 16me dynastie, dit: τὸ γὰρ ὑκ καθ' ἱερὰν γλῶσσαν, βασιλέα σημαίνει, τὸ δὲ σως ποιμήν ἐστι καὶ ποιμένες κατά τὴν κοινὴν διάλεκτον. ,, *Hyk* signifie *roi* dans la ,, langue sacrée, et *sôs pasteur* dans le dialecte vulgaire. ,, Et en effet le mot *hyk* avec la signification de *roi* est très fréquent dans les hiéroglyphes de tous les temps (pl. B. n. 3.a) et ne se trouve plus dans la langue copte, tandisque ϣⲱⲥ, *schós*, est la seule expression pour *pasteur* dans la langue copte et ne s'est pas encore trouvé, autant que je sache, dans les hiéroglyphes avec cette signification, à moins qu'on ne le veuille, avec Champollion, reconnaître dans le nom ϣⲱⲥⲟⲩ (pl.B.n.3.b) partilier à un peuple qui est nommé avec beaucoup d'autres vaincus

72

par Ramses III et Ménephtah son père (Voy. Ch. Gr. p. 182. Comp.
Ros. M. St. pl. CII. l. 8. et pl. LIX.). D'ailleurs le passage de
Manéthon nous apprend seulement que le mot *hyk*, roi, n'était
plus en usage de son temps, tandisque le mot *schŏs* existait encore; il ne veut point dire que ce dernier mot appartienne exclusivement au dialecte populaire.

Si donc on doit être persuadé que le langage des hiéroglyphes était de tous les temps le dialecte *sacré* et que les textes
hiératiques qui ne nous présentent absolument qu'une tachygraphie des hiéroglyphes, doivent être de même conçus en langue
sacrée, il ne sera pas difficile de se convaincre que les textes démotiques au contraire renferment le dialecte *vulgaire*. L'analyse
des textes démotiques, encourageante d'un côté par les traductions en langue grecque qui existent de plusieurs d'entre eux
et par les transcriptions en lettres grecques de près de 400. mots
dont M. Reuvens a publié quelques échantillons dans ses lettres
à M. Letronne, rencontre cependant beaucoup de difficultés
dans le détail, parceque nous ne pouvons pas établir une confrontation aussi complète, entre les caractères démotiques et hiéroglyphiques, qu' entre les caractères hiératiques et hiéroglyphiques, moyennant le Rituel. Mais la seule observation, que
l'hiératique est de plus en plus restreint à l'usage sacré et scientifique, tandisque tous les textes démotiques que nous connaissons
jusqu'ici traitent des affaires judiciaires ou privées, enfin des
choses qui devaient être entendues aussi bien par le bas peuple
que par les érudits, devrait suffire pour nous convaincre que la
langue sacrée n'y était plus à sa place et que nous devons y chercher le dialecte vulgaire. L'examen des deux textes de l'inscription de Rosette confirme pleinement l'opinion que je viens d'é-
mettre. Une des différences les plus marquées du dialecte sacré
d'avec la langue copte consiste en ce que la plupart des terminaisons grammaticales qui autrefois furent postposées aux substantifs et aux verbes se trouvent préposées dans la langue copte, phénomène linguistique qui se répète presque dans toutes
les langues.

Le verbe † *donner* , est par conséquent conjugué

en hiéroglyphes   en copte

(pl.A.n.VIII.3^{me}col.)

†-ⲉⲓ	ⲉⲓ-†	je donne
†-ⲕ ou †-ⲧ	ⲕ-†	tu donnes
†-ϥ	ϥ-†	il donne
†-ⲥ	ⲥ-†	elle donne
†-ⲛ	ⲛ'-†	nous donnons
†-ⲧⲛ	ⲧⲉⲧⲛ'-†	vous donnez
†-ⲥⲛ	ⲟⲩ-† ou ⲥⲉ-†	ils donnent.

Le pronom personnel se place en hiéroglyphes après, en copte avant

ⲡ-ϣⲏⲣⲉ-ⲓ	ⲡⲁ-ϣⲏⲣⲉ	mon fils
ⲡ-ϣⲏⲣⲉ-ⲕ ou-ⲧ	ⲡⲉⲕ-ϣⲏⲣⲉ	ton fils
ⲡ-ϣⲏⲣⲉ-ϥ	ⲡⲉϥ-ϣⲏⲣⲉ	son fils (masc.)
ⲡ-ϣⲏⲣⲉ-ⲥ	ⲡⲉⲥ-ϣⲏⲣⲉ	son fils (fém.)
ⲡ-ϣⲏⲣⲉ-ⲛ	ⲡⲉⲛ-ϣⲏⲣⲉ	notre fils
ⲡ-ϣⲏⲣⲉ-ⲧⲛ	ⲡⲉⲧⲉⲛ-ϣⲏⲣⲉ	votre fils
ⲡ-ϣⲏⲣⲉ-ⲥⲛ	ⲡⲟⲩ-ϣⲏⲣⲉ	leur fils.

Or , nous trouvons qu'en cela le texte démotique de l'inscription de Rosette se range parfaitement du côté de la langue copte. Là où le texte hiéroglyphique nous donne ϣⲏⲣⲉ-ϥ , ses enfants, (pl. B. n. 4.a) le texte démotique lit ⲡⲉϥ-ϣⲏⲣⲉ (pl. B. n. 4.b) comme en copte. La même chose s'observe pour les terminaisons des verbes. Certaines nuances de l'alphabet même qui se sont impatronisées plus tard dans la langue égyptienne se trouvent déjà en usage dans le démotique, tandisqu'elles sont négligées dans les inscriptions hiéroglyphiques du même temps. Je veux parler d'un vocalisme presqu'aussi constant que dans la langue copte et de la parfaite séparation de l'*r* et de l'*l* (pl. B. n. 5.)

qui, comme on sait, se confondent constamment dans les hiéroglyphes, parceque ce n'était autrefois qu'une seule et même lettre, et qui dans tous les textes démotiques sont des lettres aussi distinctes que dans la langue copte. Il est d'ailleurs encore à remarquer que ces deux lettres démotiques qui ont une ressemblance frappante avec le Pehlvi ne paraissent pas dériver immédiatement de l'hiératique, mais être nouvellement introduites. L'abréviation de la bouche pour *r* disparaît bientôt entièrement. L'analyse raisonnée et détaillée de toute l'inscription de Rosette, que nous attendons de M. Salvolini, confirmera sans doute ce que je viens de dire, quoiqu' il se pourrait bien qu'aussi là on rencontrât encore quelques petites différences d'avec la langue copte qui nous fait connaître la langue égyptienne de 6 ou 8 siècles après.

Note B. (voy. pag. 32.)

L'œil est toujours rendu figurativement dans l'écriture sacrée, et Champollion le traduit toujours par le mot copte ⲃⲁⲗ. Voici les raisons qui me font croire que le mot ⲃⲁⲗ n'appartient qu'au dialecte vulgaire et que le dialecte sacré se servait au contraire constamment du mot ⲓⲣⲓ qui n'existe plus dans la langue copte. 1. L'œil, en hiéroglyphes, porte constamment les signes du genre féminin (Voy. plus bas not. D.) et deux fois au Rituel P. II. §. I. n. 19. et n. 22. il est construit avec le démonstratif au féminin (pl. B. n. 15.a) ⲓⲣⲓ ⲧⲟⲩⲓ, iri toui. Le mot ⲃⲁⲗ au contraire est masculin. 2. Nous avons le témoignage directe de Plutarque que ἴρι veut dire œil en égyptien. 3. On trouve très souvent l'œil dans sa signification connue de *faire*, ⲉⲣⲡⲉ et ⲓⲣⲓ en copte, avec la variante du groupe complet ⲓⲣⲓ (n. 15.b). Or on ne trouve jamais de différentes significations, si la prononciation n'est pas la même. 4. Ce caractère pouvait donc être employé phonétiquement pour la voyelle ⲓ, i, au temps des Ptolémées, où nous trouvons l'I des noms d'*Arsinoé* et de *Bérénice* écrit avec l'œil, mais il ne pouvait pas être employé pour *A* ou *O* comme Champollion le croyait autrefois en transcrivant le nom du père du roi Mantuôtp, nom qui à tort s'est glissé dans les listes des rois, car les monumens

ne le présentent pas, (voy. la II.ᵈᵉ Lettre à M. le D.ḋ.Bl. p. 115.)
ⲆⲆⲤⲚ̀ au lieu de ⲒⲤⲚ̀ ou plutôt ⲚⲢⲢⲤⲚ̀ (pl. B. n. 16.)
De même le nom de la reine pl. B. n. 17. ne devrait pas être lu
ⲆⲘⲚⲞⲦⲤ̀, mais ⲆⲘⲚⲢⲦⲤ̀ ou plutôt ⲆⲘⲚⲢⲢⲢⲦⲤ̀.

Je ne doute pas que dans le groupe symbolique ⲇ' Osiris
l'œil ne représente réellement la seconde partie du nom (ⲢⲢⲢ),
et le trône la première ⲞⲨⲤ, comme il représente dans le groupe du nom d'Isis la même lettre Ⲥ avec une autre voyelle ⲎⲤ
ou ⲢⲤ. On a méconnu jusqu'à présent cette décomposition du
groupe d'Osiris parceque dans les textes hiéroglyphiques l'œil précède ordinairement le trône d'après un arrangement calligraphique (pl. B. n. 18. a 18.b) qu'on néglige aussi très souvent surtout
dans les papyrus, en plaçant le trône ou le lit de repos avant
l'œil (n. 18.c), ordre constant (et ceci décide de la prononciation) , dans l'écriture hiératique (n. 18.d).

Note C. (voy. p. 53.)

Comme ce fait n'est pas sans importance , j'ai mis
ensemble sur la planche B. n. 71. les exemples qui me se
sont présentés avec le plus de certitude. — 1. La variante de
ⲆⲚⲢ et ⳨ⲆⲚⲢ (n. 71.a. b.) est connue. Il faudrait toujours
transcrire le groupe par ⳨ⲚⲢ, car la *corde nouée* n'indique que
la prononciation du signe initial. Pour surcroît de preuve j'ai
encore trouvé les deux angles comme déterminatif du groupe ⳨Ⲛ
formé de la *corde nouée* et du *carré* dans un nom propre deux
fois répété sur une stèle appartenant au musée de M. le chev.
Kestner. — 2. L'*œil* ou les *deux prunelles* (pl. B. n. 72.a) se trouvent souvent avec la faucille seule; ce n'est que la symétrie qui
fait alors mettre l'œil *dans* la faucille; il devrait se placer *après*;
et en effet, j'ai trouvé le groupe entier ⲘⲈⲢⲞ avec l'*œil* comme second signe (n. 72.b) dans un fragment de papyrus appartenant à M. le chev. Kestner; on voulait évidemment éviter de
placer l'*œil* (ⲢⲢⲒ) au commencement d'un groupe avec la prononciation de ⲙⲇ. - 3. De même on trouve l'*aune* ou seule, ou
avec la *faucille* pour ⲘⲎⲢ , la *vérité* (n. 72.c). Je l'ai trouvée
aussi comme second signe et avec son complément (n. 72.d) sur
une stèle d'Osortasen I. existant au Louvre. - 4. Un objet carré

que je crois être le modius qui se trouve souvent sur les têtes des
déesses et des reines, jamais que je sache sur celle des hommes,
est le symbole d'un titre de reine, correspondant au titre ⲡⲏⲃ
des rois. Il se trouve souvent comme ⳛ dans les noms romains.
Ce titre de reine, ⲧ-ϩⲱⲡ en copte, la *régente,* s'écrit différemment ou par le symbole seul avec l'article féminin (n. 73.ᵃ),
(ⲧ-ⲙⲏⲓ) ϩⲱⲛ-ⲧ ⲛ̀ ⳅⲙⲉⲛϯ (Rit. scène du Jugement);
ou tout phonétiquement sans le symbole (n. 73.ᵇ), ϩⲛ̄-ⲧ ⲛ̀
ⲥⳅⲣⲏⲥ ⲛ̀ ⲥⳅ ⲛ̀ ⲙϩⲓⲧ, *régente de l' Égypte supérieure
et inférieure,* titre de la reine Arsinoé sur la statue de Ptolémée
Philadelphe au Capitole; ou phonétiquement avec le symbole
comme déterminatif (n. 73.ᶜ) (ⳃⳅⲧϩⲱⲣ) ϩⲛ̀ ⲛ̀ ⲛⲓ-ⲛⲟⲩ-
ⲧⲉ *Hathor régente des dieux* (Ros. M. St. pl. CXV. n. 2.); ou
comme signe initial avec son complément phonétique (n. 73.ᵈ)
(ⲏⲥⲉ) ϩⲛ̀ ⲛ̀ ⲙⳅⲛⲗⳅⲕ (*Isis*) *reine de Manlak;* (Champoll.
Mon. de l'Ég. et de la Nub. t. I. pl. LIII. n. 2.); ou enfin avec
la prononciation mise avant le symbole (n. 73.ᵉ) ϩⲛ̀ ⲛ̀ ⲛⲓ-ⲑⲟ,
reine des deux Égyptes, titre de l' épouse de Ménephtah I.
(Ros. M. St. t. I. tb. IX. n. 111.)-5. L'*oie préparée* (n. 74.ᵃ) représente le groupe phonétique ⲥⲛⲧ, (n. 74.ᵇ) dont elle est la
variante (Rit. Tur. P. III. §. III. n. 2. l. 33. comp. av. un Rit. de
Florence); on la trouve comme déterminatif du groupe phonétique n. 75. (Rit app. à M. le marquis Busca), et comme seconde lettre du groupe phonétique n. 76. (Rit. Par. P. II. §. I.
n. 33. l. 3.)-6. On trouve souvent au Rituel un groupe qui renferme l'instrument ⲥⲱⲧⲡ (voy. plus haut p. 131.) suivi de la syllabe ⲛⲟⲩ et précédé d' un ⲡ (pl. B. n 77.). Comme nous savons que ces deux lettres ne se trouvent qu'après des mots qui
se terminent en ⲡ (voy. Ch. Gr. §. 110.), ce signe doit avoir ici
la prononciation ⲡ, et on l'a encore expressément mise avant,
parceque le mot ⲥⲱⲧⲡ pouvait donner lieu à des méprises.-
Je présume enfin la même chose dans les groupes ϩⲡ (n. 78.)
ϩⲥ (n. 79.) et plusieurs autres qui présentent un signe idéographique à la seconde place parmi des lettres phonétiques générales.

Note. D. (voy. p. 55.)

Les deux premières colonnes de pl. B. n. 85. contiennent les hiéroglyphes qui se trouvent affectés de la petite ligne seule. J'ai commencé par ceux qui se distinguent par cela même comme masculins des mêmes hiéroglyphes pris fémininement et affectés à cet effet du segment de sphère seul.

1. Ⲡ ⲘⲀⲒ, *aimant*, *aimé*. Ros. M. St. pl. LXXXII. CXX, 3. etc.

2. Ⲡ ⲤⲰⲦⲠ, *approuvé*. Ros. M. St. t. II. n. 128.

3. Ⲡ ⳘⲎⲣⲉ, le *fils* ; souvent.

4. id. souv.

5. id. souv.

6. Ⲡ ⲚⲞⲨⲦⲣ' , le *dieu* ; souv.

7. Ⲡ ⲚⲎⲃ , le *seigneur* ; souv.

8. le sphinx , id. Voy. pl. B. n. 9.

Viennent les hiéroglyphes que j'ai rencontrés avec le pronom démonstratif ⲠⲞⲨⲒ ou ⲠⳡⲒ , *celui*, ou avec l'article masculin.

9. Ⲡ (ϬⲃⲞⲒ) ⲠⲞⲨⲒ, le *bras*. Rit. Tur. P. III. §. III. n. 8. l. 8.

10. Ⲡ (ⲦⲞⲞⲨ) ⲠⳡⲒ , la *montagne*. R. T. P. II. §. IX. n. 2. l. 1. n. 3. l. 1. etc.

11. la colonne en forme de lotus, avec le déterminatif des pierres; R. Tur. et Par. P. II. §. VIII. , 17. 5. P. III. §. III. n. 15.

12. le couvercle de carquois, (Ⲡ) ⲤⲀ ⲠⲞⲨⲒ , la *partie* R. T. P. III. §. III. n. 19. l. 4.

13. ⲠⲀ ⲘⲞⲨⲒ, le *lion*. R. T. P. III. §. III. n. 19. l. 2. 9.

14. Ⲡ ⲣⲞ ⲠⲞⲨⲒ, la *bouche*, le *chapitre*, souv. comme au copte; avec ⲠⲞⲨⲒ R. T. P. I. §. I, n. 5. l. 2. Champ. Gr. p. 58. cite la bouche avec segment et ligne. Mais voy. plus bas parmi les féminins n. 9.

15. Ⲡ ⲣⲞ ⲚⲠ la *porte*. (Rit.) Le même hiéroglyphe, un battant de porte , se trouve aussi comme féminin avec segment de sphère et ligne, voy. plus bas; nous connaissons la prononciation du masculin qui est ⲣⲞ (Ch. Gr. p. 80.), mais non pas celle du féminin qui était probablement toute différente.

16. Ⲡ ⳡⲚⲦ ⲠⲞⲨⲒ, le *nez*, représenté par une tête de

veau et quelques fois par un nez d'animal seulement. – A la place de la ligne on trouve parfois le segment de sphère, par
exemple au Rit. de Turin P. II. §. X. n. 9. l. 16. ce qui pourrait
nous faire croire que le même nom fût ici féminin. Mais loin d'in-
firmer notre règle, ce cas nous apprend au contraire la prononi-
ciation phonétique de deux signes qui jusqu'à présent furent mal
lus ; je veux parler de la *tête de veau* elle-même et d'un signe
homophone représentant *quatre vases versant de l'eau*. Il est
d'abord clair que dans le passage cité, comme partout, le nez
est masculin, parcequ' il y est suivi du pronom démonstratif
masculin ΠΟΥΙ. (pl. B. n. 85.c 9.) Si par conséquent, le segment de sphère ne peut pas être article féminin, il doit appartenir à la parole même comme dernière lettre phonétique. Or,
nous savons en effet que le nom hiéroglyphique et sacré du nez,
qui n'existe plus dans la langue copte, terminait en Ｔ et se
prononçait ϢΙΤ ou ϢΙϮ, groupe qu'on trouve souvent avec
le déterminatif de la *tête de veau* et en outre le déterminatif générique des membres humains (n. 85. c.11. 12.). Il ne peut donc
pas y avoir de doute que la tête de veau ne soit ici phonétique
initiale et qu'elle ne renferme à la fois le Π, de la même manière comme le premier signe de ꟿꟾꟿ , le nord (voy. plus haut
§. 37.), renferme à la fois le ꙮ. Le Π, dans notre cas, pouvait
donc être mis ou omis après la tête de veau ; et si je n'ai pas
encore trouvé d'exemples où on ait écrit la ligne brisée après
la tête de veau, c'est que cette orthographe ne se prêtait pas
bien à l'arrangement calligraphique. Le même groupe, *tête de
veau* et *segment de sphère*, se retrouve encore très souvent dans
une autre signification, celle de *résidant*, *regnant dans*, où il
est tout aussi souvent remplacé par le groupe homophone qui
commence par les *quatre vases versant de l'eau*. On trouve sur
notre planche toutes les variantes de ce groupe 1. les quatre
vases seuls idéographiquement, sur une caisse de momie à Turin, et souvent ailleurs ; 2. deux vases par abréviation au lieu
des quatre sur une stèle calcaire de Turin ; d'autres fois on en
trouve trois ; 3. le groupe ϢΙϮ en toutes lettres avec les vases
comme initiale ; c'est l'orthographe ordinaire ; 4. le même groupe
sans la *ligne brisée* qui correspond à la *tête de veau avec le segment de sphère* et les *deux lignes*, (85.c,10.)groupe qu'on voit entre autres chez Ros. M. St. n. CXXII. dans le titre d'Amon Ra

ϥⲉⲛⲧ ⲛⲓ-ⲱⲡ, *résidant à Thèbes.* La voyelle ⲓ manque souvent comme dans le groupe homophone de la *tête de veau* avec le *segment de sphère.* Cela confirme pleinement notre opinion qu'il faut restituer le ⲛ aussi après la *tête de veau.* 5. Le groupe complet avec la *tête de veau* comme déterminatif (Rit. P. II. §. VIII. n. 11. P. III. §. II. n. 1. et n. 4. bis.) identifie nos deux groupes de nouveau; et comme le premier des passages cités nous présente, d'après le contexte, le nom du nez même, nous voyons immédiatement alterner *les vases* et *le céraste,* comme homophones. Sur une petite figurine appartenant à M. le chev. Kestner j'ai trouvé la *tête de veau* avec la petite ligne dans le titre ordinaire d'Osiris ϥⲉⲛⲧ ⲁⲙⲉⲛⲧ, *résidant dans l'Amenti,* nouvelle preuve que le signe qui est ici idéographique doit être prononcé comme le nez même, c. à. d. ϥⲉⲛⲧ.

Je suis entré dans ces détails qui auront dissipé toute incertitude relativement à la prononciation de ces deux signes, parceque jusqu'ici on les avait mal lus par ⲡⲧ et ⲡⲛⲧ, pronom relatif, qui se trouve en effet souvent écrit comme notre groupe, sauf l'initiale qui, dans ce pronom composé, est toujours représentée comme à l'article masculin, savoir par le *carré,* ou l'*oiseau volant,* ou même par ce même oiseau suivi de l'*aigle,* ⲡⲁ-ⲛⲧⲉ (voy. Ros. M. St. pl. c. l. 30.) Mais un examen conciencieux nous apprend que l'emploi de ces deux mots est tout à fait différent et qu'ils ne se remplacent jamais l'un par l'autre. Si notre groupe était véritablement le pronom relatif, comme Champollion le croyait, il devrait former le féminin ⲧⲓⲧⲉ et le pluriel ⲛⲛⲧⲉ après des noms féminins et pluriels. Mais nous trouvons au contraire sans aucune altération les *quatre vases* dans le titre de la déesse Saf, *résidant dans son habitation* Ros. M. St. pl. XL., et la *tête de veau* dans celui de la déesse Amon-t, *résidant dans son habitation* Rit. P. III. §. II. n. 1. et §. III. n. 1. ou *résidant à Thèbes* Ros. M. St. pl. CLI., 3. Nous trouvons même la tête après le pluriel au Rit. P. II. §. V. n. 10. Cela nous prouve que ϥⲛⲧ ou ϥⲛⲧ était un adjectif, qui pouvait même être suivi d'une préposition comme au Rit. P. III. §. II. n. 1. et P. III. §. III. n. 1. *résidant au milieu* (ⲡⲣⲁⲓ ⲡⲏⲧ, la *face* et le *vase de coeur*) *de sa maison.*

La langüe copte nous n'a d'ailleurs conservé aucune trace de cette parole.

17. Ⲡ ⲕⲟⲟϩ ⲡⲟⲩⲓ, l'*épaule*, (voy. pl. A. VI. 16.) avec la petite ligne Rit. T. P. II. §. VIII. n. 14. l. 6., et avec ⲡⲟⲩⲓ P. II. §. II. n. 3. l. 5.

18. Ⲡ ⲁⲃ ⲡⲟⲩⲓ, la *cuisse*, *viande préparée*, se trouve comme déterminatif du groupe le *bras* et le *pied* ⲁⲃ, c. la *viande*, au Rit. Par. P. II. §. VIII. n. 17. l. 4.; sans le groupe phonétique et avec la petite ligne au passage correspondant du Rit. Tur.; dans tous les deux exemplaires il est suivi du pronom ⲡⲟⲩⲓ.

19. Ⲡ ϩⲡ ⲡⲟⲩⲓ, le *phallus*, se trouve souvent ou avec la petite ligne, ou avec son groupe phonétique ϩⲡ (voy. Ch. Gr. p. 94.); avec le pronom masculin Rit. P. II. §. VIII. n. 5.l.1.5.

20. Ⲡ ϫⲱⲣϩ ⲡⲟⲩⲓ, la *nuit*, représentée par le caractère du ciel auquel une étoile est suspendue et suivie du déterminatif du soleil avec la petite ligne, se trouve souvent avec son groupe phonétique, voy. Rit. P. II. §. II. n. 3. l. 3. n. 4. l. 3. n. 6.l.3. etc. et est dans tous ces passages aussi suivi du pronom masculin.

21. Ⲡ ⲧⲟ, la *terre*, le *pays*, c. ⲡⲓ ⲑⲟ, οἰκουμένη, représenté par une *couche de terre* suivie des *trois grains*, déterminatif des régions, et de la petite ligne : avec l'article masculin Ros. M.St.pl. CXXXIX, 5; avec ⲡⲟⲩⲓ Rit. P. III.§.III.n.2.l.46.

22. Ⲡ ⲥⲟⲃ†, c. ⲡⲓ ⲥⲟⲃⲧ, le *mur*; avec son groupe phonétique et l'article masculin Ros. M. St. pl. CXL., 67. cf. plus bas le féminin † ⲥⲃ†.

23. Ⲡ ⲧⲟ, c. ⲡⲓ ⲑⲟ, homophone de n. 21., la *terre*, le *pays*, le *monde* représenté par le *scarabée* (voy. plus haut p. 27.) se trouve avec l'article masculin sur une stèle du musée de Turin et ailleurs.

24. Ⲡⲁ ⲃⲁⲓ, c. ⲃⲁⲓ, l'*âme*, d'après Horapollon Hiérogl. I., 7: Ἔτι γε μὴν καὶ ἀντὶ ψυχῆς ὁ ἱέραξ τάσσεται, ἐκ τῆς τοῦ ὀνόματος ἑρμηνείας· καλεῖται γὰρ παρ' Αἰγυπτίοις ὁ ἱέραξ βαϊήθ. τοῦτο δὲ τὸ ὄνομα διαιρεθὲν ψυχὴν σημαίνει καὶ καρδίαν. ἐστὶ γὰρ τὸ μὲν βαϊ ψυχή, τὸ δὲ ηθ καρδία. Avec son groupe phonétique, le *pied* et l'*aigle* Rit. P. II. §. VI. n. 1. l. 12. et avec l'article masculin Ⲡⲁ P. III. §. III. n. 19. l. 11.

25. Id. souvent; représenté par le *bélier*, précédé d'une petite *cassolette* qu'on trouvera avec la prononciation B parmi les caractères sous n. III. de notre pl. A.

26. Id. souvent; représenté par un *épervier*, précédé de la même *cassolette*, qui sert de prononciation; comp. le passage d'Horapollon cité plus haut, n. 24.

27. ⲠⲢⲎ, c. id., le *soleil*; souvent précédé de son groupe phonétique.

28. ⲠⲤⲒⲞⲨ, c. id., l'*étoile*, avec son groupe phonétique cité par Champollion Gr. p. 76. avec la petite ligne Rit. P. II. §. VI. n. 8. l. 2.

29. ⲠⲀⲠⲈ, le *premier* (voy. plus haut, p. 49. not.), représenté par une espèce de *poignard*, homophone du groupe pl. A. II. n. 1. (Ros. M. St. t. II. n. 137.b); se trouve avec la petite ligne dans le titre de Phré ⲚⲞⲨⲦⲈⲢ ⲀⲠⲈ Ⲛ ⲚⲒ ⲤⲞⲨⲦⲈⲚ ⲚⲞⲨⲦⲈⲢ, *premier dieu des dieux regnans*, sur une stèle appartenant à M. le marquis Busca à Rome.

30. ⲠϥⲀⲒ, le *porteur*, titre d'hommes qui portent différens objets de culte (voy. Ros. M. St. t. I. pl. XI. etc.); se trouve souvent avec son complément phonétique, les deux plumes, p. e. Rit. P. II. §. X. n. 9. l. 20. comp. avec la variante d'un papyrus de Florence.

31. 32. 33. 34. les quatre régions avec le déterminatif *l'angle* et la petite ligne. Leurs noms sont aussi en copte des masculins, savoir ⲠⲢⲎⲤ, le midi; ⲠⲘϨⲒⲦ, le nord: ⲠⲒⲈⲂⲦ, l'orient, et ⲠⲈⲘⲚⲦ, l'occident.

35. [ⲠⲘⲰⲞⲨ], l'*eau*. Ros. M. St. CXL, 52.; sur une stèle de la reine Amensé au Luvore, et ailleurs.

36. La *tête*, Rit. P. III. §. I. n. 9. l. 8. paraît avoir eu la prononciation de ⲬⲰ, parole qui est masculine en copte ⲠⲬⲰ; car ⲀⲠⲈ, la tête, est féminin, et a la signification de *premier*, comme nous avons vu. Je n'ai cependant jamais rencontré le groupe phonétique en hiéroglyphes.

37. le *cœur*, représenté par une certaine espèce de vase; on rencontre souvent le groupe phonétique formé de la *corde nouée*, du *segment de sphère* et des *deux lignes obliques* ϨⲦ Rit. Tur. P. II. §. VIII. n. 11. l. 3. qui correspond au copte ⲠϨⲎⲦ.

38. la *face*, en c. Ⲡ ϨⲞ, sert souvent pour exprimer la

82

préposition ⲉⲛ, *en*, *devant*, *sur*, qui sans doute dérive de la parole ⲣⲟ.

39. l' *offrande*, en c. ⲡ ⲕⲱ, *depositum*.

40. le *lieu*, en c. ⲡ ⲙⲁ, *locus*, *regio*; souvent employé, comme en copte, pour désigner la préposition ⲙⲁ, ⲡⲙⲁ, qui en dérive.

41. l' *aune*, une mesure, représentée par la bandelette ⲙⲉ (voy. plus haut p. 51.) avec le déterminatif du *bras*; avec la petite ligne Rit. Tur. P. III. §. III. n. 2. l. 8. ; en c. ⲡ ⲙⲁⲉⲓ, *cubitus*.

42. l' *angle*, la *région*, Rit. P. II. §. IX. n. 3. l. 9. n' est pas à confondre avec la *dent* (voy. 85.b n. 27.) qui est féminine.

43. le *plan d'une maison*, l'*habitation*, Rit. P. II. §. VIII. n. 18. l. 1.

44. la *joue*, Ch. Gr. p. 92.

45. Un *vase renversé*, ⲡ [ⲥⲟⲛⲧ], le *prêtre*(?) Rit. P. III. §. I. n. 15. l. 3. 4. 5. et ailleurs.

46. ⲡ ⲅⲱⲣ, le *Horus*, le *dieu*, représenté par l' *épervier*; souvent.

47. Rit. P. III §. I. n. 6. l. 7. 8.

48. le *doigt* (?) représenté par un instrument à sculpter (voy. plus haut p. 26.) Rit. P. II. §. V. n. 19. l. 9. n. 22. l. 9. P. III. §. III. n. 19. l. 7.

49. Un certain *sceptre*, symbole d'un *dieu*, dont on voit le déterminatif après. Rit. P. III. §. III. n. 1. l. 14.

50. Rit. P. III. §. III. n. 19. l. 13. 14. n. 20. l. 12. Ros. M. St. pl. CXIII. , 31. C., 39. etc.

51. Rit. P. III. §. III. n. 20. l 3.

52. Rit. P. III. §. III. n. 19. l. 10.

53. Le *traîneau*, sur un sarcophage apporté en Europe par M. Drovetti, et appartenant maintenant au musée royal de Berlin.

54. Rit. P. II. §. IX. n. 1. l. 2.

Je n'ai pas pu, pour les derniers numéros, toujours ajouter les preuves particulières pour prouver que ce sont tous des masculins ; mais les exemples précédens auront suffisamment constaté la règle, ce me semble, que la *petite ligne* indique le genre masculin partout où elle se trouve, sauf les cas où elle désigne la première personne du verbe, et quelques exceptions

très rares, savoir ı. après le groupe ⲀⲚⲞⲔ , *moi*, (pl. A. VII.c
33.) remplacée souvent par la petite figure d'homme comme
déterminatif de la première personne. - 2. après le groupe ⲦⳠ'
le *père* (pl. A. n. VII.c ı.); de même souvent remplacée par la
petite figure d'homme - 3. après le groupe inconnu n. 85:c ı3.for-
mé du *vase à anneau* et le *lituus* ou le *poulin*, ⲔⲞⲨ; remplacée
aussi dans ce cas ci par la figure d'homme voy. Rit. P. II. §. VII.
n. ı2. l. 2. P. III. §. III. l. 5. comp. avec les variantes du Rituel de Turin et de Florence.-4. Le *petit vase rond* n. 85.c ı4. se
trouve souvent accompagné de la petite ligne , et exprime alors
le pluriel du pronom possessif ⲠⲀ, ⲦⲀ, ⲚⲀ , *ceux* ou *celles
qui appartiennent à*. Voy. l'Inscr. de Ros. l. ı2. et ailleurs; Ch.
Gr. p. ı92. Je crois que ce vase avait originairement une signification idéographique qui plus tard s'est changé dans une préposition, comme la *face* ⲤⲞ. le *lieu* ⲘⲀ. et d'autres.

Passons maintenent à la revue des exemples qui sont toujours accompagnés de la *petite ligne* et du *segment de sphère*,
ou du *segment de sphère* seul.

ı. Ⲧ ⲒⲢⲒ ⲦⲞⲨⲒ, l' *œil*, voy. l'Appendix not B; R. P. II.
§. I n. ı9. l. ı. n. 22. l. 4. P. III. §. III. n. 2. l. 45. etc. On
ne doit par conséquent pas prononcer l'oeil ⲂⲀⲖ, parceque ce
mot est masculin.

2.Ⲧ ⲘⲚ' ⲦⲞⲨⲒ la *jambe*; avec sa prononciation, le déterminatif des membres, et le *segment* seul; Rit. Par. P. II.§. II.
n. 8. l. 6. La variante du Rit. Tur. n'a pas le *segment*. Il est
suivi du *segment de sphère* et de la *ligne*,ainsi que du pronom
ⲦⲞⲨⲒ Rit. Tur. P. II. §. VI. n. ı3. l. 2. et P. III. §. III. n.
2. l. 62. Le mot n' existe plus dans la langue copte , et il ne
faut pas le confondre avec le mot ⲢⲦ , en c. Ⲡ ⲢⲀⲦ, le *pied*,
écrit avec la *bouche* et la *main* Rit. P. II. §. V. n. 6. l. 3. et n.
22. l. 7. Il paraît que ⲘⲚ désignait primitivement une certaine
partie du pied, parceque nous trouvons le même groupe ⲘⲚ'
déterminé par une patte d'oiseau, symbole du bras, ce qui doit
désigner la partie analogue du bras; voy. Rit. P. II. §. I. n. 6.
l. 3. et n. 24. l. 9.

3. Ⲧ ⲘⲚ ⲦⲞⲨⲒ, la *jambe*, homophone et variante du pré-
cédent au Rit. de Par. P. II. §. VI. n. ı3. l. 2.

4. Le *livre*, représenté par un *rouleau de papyrus*, déterminé par une espèce de *canif* pour tailler les roseaux, ne doit

84

pas être rendu par le mot copte ϪⲰⲰⲘⲈ, qui est masculin , parcequ' il se trouve avec le relatif féminin ⲦⲚ, Rit. P. III. §. III. n. 17. l. 12. Champollion a trouvé le groupe hiératique ⲦⲈϢⲰ Gr. p. 104.

5. La *ville*, la *contrée*, ne doit pas être traduit par ⲔⲀϨ (cf. Champ Gr. p. 152.), parceque ce mot copte est masculin. Notre caractère se trouve suivi du pronom ⲦⲞⲨⲒ dans un papyrus de Florence, et de l' adjectif Ⲧ-ϢⲈⲢ, *la grande*, Rit. P. II. §. IX. n. 4. l. 12. Il faudrait plutôt substituer le mot copte † ⲂⲀⲔⲒ, *urbs*, *civitas*, jusqu' à ce qu'on trouve le groupe phonétique. Champ. Gr. p. 151. croit que notre caractère représente un *pain sacré*, mais la forme de celui-ci diffère constamment dans les représentations que j' en ai vues.

6. Une espèce de *coffre funéraire*, se trouve avec son nom phonétique ⲞⲀ souvent au Rit. P. III. §. III. n. 2. l. 1. 4. 10. 13. 18. etc. toujours suivi du pronom féminin ⲦⲞⲨⲒ·

7. le *pays*, la *contrée*, ne doit pas être traduit non plus par Ⲡ ⲔⲀϨ, comme Champ. Gr. p. 149. le fait. Il se trouve avec l' adjectif ⲚⲒⲂⲒ, *chaque*, au féminin sur une stèle d' Osortasen I. chez Ros. M. St. pl. XXV., 4. et avec le pronom ⲦⲚ chez Champ. Gr. p. 185.

8. la *maison*; avec ⲦⲞⲨⲒ, Rit. P. III. §. III. n. 7. l. 4.

9. Ⲧ ⲢⲞ, ne peut pas désigner ni la *bouche*, comme Champ. Gr. p. 58. le croit , ni le *chapitre* , ni la *porte* , parceque le mot ⲢⲞ dans ces significations est masculin. Il se trouve comme féminin au Rit. P.III.§.III.n.2. l. 45.; mais comme c'est le seul passage que j'aie rencontré sur tous les monumens que je connaisse, je crois qu' il faut lire dans le passage cité l' œil au lieu de la bouche. Ⲧ ⲒⲢⲒ ⲦⲞⲨⲒ ⲚⲦⲈ ϨⲰⲢ ϢⲈⲢ au lieu de Ⲧ ⲢⲞ ⲦⲞⲨⲒ ⲚⲦⲈ ϨⲰⲢ ϢⲈⲢ.

Les numéros 10-28. se manifestent sans aucun doute comme féminins, parcequ'on les rencontre souvent aussi sans la ligne avec le segment de sphère seulement, qui alors ne peut désigner autre chose si non le genre féminin. Il faut bien remarquer que souvent cette terminaison féminine Ⲧ reste, même si son nom est mis au pluriel, comme nous l'avons déjà vu plus haut pour l' adjectif ⲚⲒⲂⲒ, *tout*, sous n. 7., particularité du dialecte sacré que Champollion n' a pas notée dans son chapitre sur l' article cf. sa Gr. p. 169.

10. Ⲧ ϩⲓⲙⲉ, l' *épouse*; Champ. Gr. p. 199.

11., Ⲧ ϣⲏⲣⲉ, la *fille* Rit. Tur. P. I. §. I. n. 2. l. 2. n. 5. l. 2. 4. etc.

12., la *main* Rit. P. II. §. V. n. 22. l. 20: §. I. n. 26. l. 9. ne doit pas être traduite par Ⲡ Ⲧⲟⲧ, mais plutôt par Ⲧ ϭⲓⲝ; sans ligne Ch. Gr. p. 93.

13. le *poing*, Ⲧ ϣⲟⲡ (?) Ch. Gr. p. 93. sans ligne Rit. P. II. §. V. n. 22. l. 10.

14. Ⲧ ϩⲣⲟϯ, la *postérité*, les *enfants*, c. ϩⲁⲛ ϩⲣⲟϯ, ou ϩⲣⲟϯ *filii, nati*; ⲛⲓ ϩⲣⲱϯ, *venae*; se rencontre souvent sans ou avec la ligne. Champollion croyait d'abord que la prononciation phonétique de notre caractère fût ⲣ, et lisait notre groupe ⲣⲱⲧ, le *germe*; mais outre que cette valeur ne convient pas à d'autres groupes qui nous présentent ce caractère, Ⲡ ⲣⲱⲧ, le *germe*, est masculin. Plus tard (Gr. p. 37. 94. cf, p. 227.) il rendait notre sigue idéographique par ⲟⲩⲱ, *germe, semence*; mais cette prononciation ne convient pas non plus et le mot copte est masculin aussi, au moins dans les composés. La vraie prononciation est mise hors de doute par une variante du Rituel P. II. §. IX. n. 2. l. 7. , où celui de Paris présente notre caractère, celui de Turin le *van*, connu pour ϩ par l' alphabet général (voy. pl. B. n. 85. c. 17.) La signification était connue par la phrase très fréquente „ fils ou fille de son *sang, race, postérité* „. Le complément phonétique entier (pl. B. n. 85c. 18)se trouve assez souvent, Inscr. de Ros. l. 5. Rit. P. II. §. V. n. 20. l. 3. et Inscr. de Thoutmosis III. au Louvre cf. Ch. Gr. p. 94. Il est formé de la *bouche* et de la *main*, ce qui nous donne le groupe ϩⲣⲧ, déterminé par la figure d'un enfant avec la marque du pluriel. Or le mot copte ϩⲣⲟϯ. qui jusqu' ici ne s'est trouvé qu'au pluriel, veut dire les *enfans*, la *postérité*, ce qui convient parfaitement au déterminatif de l'enfant et à la traduction grecque τέκνοι dans l'inscription de Rosette. La valeur phonétique retrouvée pour notre caractère nous explique encore plusieurs autres groupes, notamment le groupe pl. B. n. 85.c 19. qui se trouve au-dessus d'une représentation de *barbier* Ros. M. C. pl. LXXVI., n. 2. et qui se lit ϩⲱⲕ, c. ϩⲱⲕ, ϩⲱⲱⲕ, *radere, tondere*, avec un déterminatif inconnu, si ce n' est pas le rouleau de papyrus. Le groupe pl. B. n. 85. c 20. qui se lit audessus du *lièvre* Ros. M. C. pl. XX., 2. doit être rendu par ⲥϩⲱⲧ ou, s'il faut restituer

86

le ϩ, ϭⲱⲣⲱⲧ. Or le nom du lièvre ⲑⲁⲣⲁϭⲱⲟⲩⲧⲥ, ou comme Lacroze lisait ⲑⲁⲣⲁϭⲱⲟⲩⲧⲥ a trop de ressemblance, pour ne pas croire que, ou dans le nom hiéroglyphique, ou dans le nom copte soit arrivée une transposition de l'ⲥ. Parmi les autres groupes où notre signe se trouve, je note seulement encore la ville ou contrée représentée sur notre pl. B. n. 85.c21. qui se trouve souvent au Rituel et autrepart, toujours spécialement consacrée au dieu Sébek, Rit. P. II. §. IX. n. 2. l. 1. 2. (bis) n. 5. l. 1. §. X. n. 10. l. 27. etc.

15. ⲧ ⲣⲟⲙⲡⲉ, la *palme*, *l'année*, représentée par un *germe de palmier*; voy. Horap. Hiérogl. I. 3: ἐνιαυτὸν γράφοντες φοίνικα ζωγράφουσι „ *pour écrire l'année ils peignent une branche de palmier*; „ Il se trouve ordinairement sans la ligne et avec le disque comme déterminatif, avec la ligne et sans disque Inscr. Ros. l. 12. 13. traduit par ἐνιαυτός. Champollion Gr. p. 59. 130. traduit notre caractère par le mot copte ⲡ ⲃⲁⲓ, *ramus palmae*; mais on ne trouve jamais cette orthographe en hiéroglyphes, et ⲃⲁⲓ est masculin. Il paraît plutôt que le palmier lui-même se prononçait au dialecte sacré ⲧ ⲣⲟⲙⲡⲉ. Je trouve au moins ce groupe (pl. B. n. 85.c 22.), déterminé par le symbole des plantes, sur une stèle de la reine Amensé qui existe au Louvre.

16. *L'abeille* (ⲧ ⲁⲃ, ⲁⲃ ⲛ ⲉⲃⲓⲱ) avec *segment* et *ligne* Rit. P. III. §. II. n. 1 l. 15.; avec le segment seul sur le beau sarcophage en basalte au Louvre, cf. Ch. Gr. p. 229.

17. ⲧ ⲙⲏⲓ, la *vérité*, représentée par l' *aune*; avec *segment* et *ligne* Rit. Par. P. II. §. IX. n. 8. l. 6. La variante du Rit. de Tur. présente le groupe phonétique avec le genre féminin.

18. ⲧ ⲙⲏⲓ, la *vérité*, ou la *justice*, représentée par la plume d'autruche. Horap. Hiér. II., 110. Comp. Rit. P. II. §. V. n. 15 l. 3. P. III. §. II. n. 4. l. 85.

19. ⲧ ⲥⲃϯ, (c. ⲧ ⲥⲓⲃⲧ, collis?), différent de ⲡ ⲥⲟⲃϯ, le *mur* (voy. plus haut); avec *ligne* et *segment* Rit. P. II. §. VI. n. 1. l. 4.; comme déesse avec le déterminatif de l'*œuf* et du *segment* (voy. p. 63. not. 67.) dans la phrase ⲥⲛⲃ ⲕⲉ ⲭⲧ ⲥⲃϯ, *les dieux Senb et les déesses Sebti* Rit. P. II. §. VI. n. 10. l. 2.

20. l'*ombrelle*. Rit. P. II. §. VI. n. 1. l. 18. §. VIII. n. 4. l. 8. comp. avec Rit. P. II. §. VIII. n. 13. l. 7. et la variante d'un rituel de Florence.

21. le *champ* (c. Ⲧ ⲔⲞⲒ), souvent avec *segment* et *ligne*; sans la *ligne*, avec le déterminatif de l'*angle* Rit. P. III. §. II. n. 5. vignette.

22. Le *commencement*, c. Ⲧ ⲆⲎ, avec *ligne* et *segment* au commencement de la première vignette d'un abrégé du Rituel existant au musée de Turin; sans la ligne souvent, Ros. M. St. t. I. n. 91. 92.

23. le *chemin*, (c. Ⲧ Ⲇ,ⲒⲎⲢ) Rit. P. III. §. III. n. 2. l. 19. etc.; sans ligne dans un Rit. de Florence; avec Ⲧ ⲚⲞⲨⲢⲈ, le *bon chemin* Rit. P. II. §. IX. n. 4. l. 12.

24. Un *battant de porte*, avec *segment* et *ligne* Ch. Gr. p. 59., où il est faussement traduit par le masculin Ⲡ ⲢⲞ, la *porte*; sans *ligne* Rit. P. III. §. I. n. 5. l. 2.

'25. ne peut pas signifier Ⲡ ⲰⲎⲒ, la *citerne*, le *puits*, (voy. Ch Gr. p. 58.) parceque ce mot copte est masculin; se trouve avec ligne et segment Rit. P. III. §. II. n. 2. l. 4. et ailleurs; et paraît représenter plutôt la parole copte Ⲧ ⲰⲰⲦⲈ, *puteus*.

26. le *sceptre à téte de chacal*. Rit. P. II. §. VIII. n. 4. l. 13. comp. avec n. 11. l. 4.

27. Ⲧ ⲞⲂⲆⲈ, la *dent*; souvent avec son groupe phonétique; Rit. P. II. §. V. n. 22. l. 10. Ch. Gr. p. 92.

28. Ⲧ ⲂⲰ, le *bois*, la *canne*, une mesure; avec son groupe phonétique Ros. M. C. pl. XXXIII. n. 2. Texte vol. I. p. 313; avec *ligne* et *segment* Rit. P. III. §. III. n. 2. l. 13. 14.; sans la *ligne* Rit. P. II. §. VIII. n. 11. l. 22. 24. Il ne faut donc pas le traduire par le masculin Ⲡ ⲰⲈ (voy. Ch. Gr. p. 22.)

29. Ⲧ ⲠⲒⲦⲈ, l'*arc*; avec son groupe phonétique, ⲠⲦ, le *carré* et la *main*. Rit. P. III. §. I. n. 7. l. 1. et ailleurs.

30. ⲦⲰⲎⲦⲈ, l'*autel*; avec son groupe phonétique Rit. P. II. §. II. n. 5. l. 4. et ailleurs.

31. Un emblème sacré, Rit. P. III. §. III. n. 11. l. 1.

32. la *hauteur*; Rit. P. II. §. IX. n. 2. l. 2.

33. Rit. P. II. §. VII. n. 10. l. 12. 15.

34. Rit. P. II. §. VIII. n. 12. l. 6. §. X. n. 9. l. 20.

35. Ⲧ ⲦⲰⲘ, un sceptre à tête de coucoupha, avec son groupe phonétique Ch. Gr. p. 77.; avec *ligne* et *segment* Rit. P. II. §. X. n. 4. l. 1.

36. Ros. M. St. pl. CXXIV.

37. Rit. P. II. §. VIII. n. 13. l. 2.

38. Rit. P. I. §. I. n. 5. l. 5.

On voit bien que notre règle est tout aussi constante pour le déterminatif de la *ligne* et du *segment de sphère*, qu'elle l'était pour la ligne seule. J'ai cependant encore rencontré quelques cas bien rares, où le *segment* et la *ligne* doivent avoir une autre signification que je ne saurais encore définir. Mais ces cas n'ont rien à faire avec notre règle, parceque ce sont des groupes phonétiques, qui précèdent, savoir: 1. le groupe Oᕪ (85.c, 24.), nom du *coffre funéraire* (n. 85.b, 6.) voy. Rit. P. II. §. VIII. n. 11. l. 15. p. III. §. III. n. 2. l. 10. 13. Une fois j'ai trouvé la *ligne* remplacée par le lituus Oᕦ Rit. P. III. §. III. n. 2. l. 1.; trois autres fois Rit. P. II. §. V. n. 43. l. 1. § X. n. 2. l. 2. 3. par les deux lignes obliques. — 2. Le groupe קשׁד (85.c 25.) voy. Rit. P. II. §. V. n. 12. l. 18. §. VIII. n. 8. l. 2. n. 14. l. 4. — 3. Le groupe ᛏᛏ , (85.c 26.) voy, Rit. P. II. §. V. n. 18. l. 3. §. VIII. n. 12. l. 32. — 4. Le groupe OK (85.c 27.) voy. Rit. P. II. §. VIII. n. 11. l. 2. 5. — 5. Le groupe ꝡꝡᕪK Rit. P. II. §. V. n. 12. l. 10. §. VI. n. 1. l. 13. —

Note. E. (voy. p. 66.)

Avant d'avoir fait l'observation qu'on vient de lire, des recherches purement linguistiques m'avaient conduit à un résultat que j'ai énoncé dans un mémoire sur l'origine et les rapports des noms de nombre dans les langues indogermaniques, sémitiques et copte, imprimé avec un autre sous le titre: *Zwei sprachvergleichende Abhandlungen.* Berlin 1836. J'y ai avancé p. 92. qu'il y avait dans toutes les langues dont nous pouvons encore découvrir l'affinité primitive, deux racines pronominales, l'une avec le radical P qui désignait à la fois la *première personne* moi, le *genre masculin*, le, et le *premier nombre*, un; l'autre avec le radical T, qui désignait la *seconde personne*, toi, le *genre féminin*, la, et le *second nombre*, deux. Or, j'ai été bien surpris de trouver plus tard dans mes études hiéroglyphiques, que dans cette écriture, la plus ancienne dont nous ayons des monumens contemporains, et renfermant une langue de beaucoup antérieure à l'écriture même qui pour nous remonte à peu près jusqu'au 22me siècle av. J. Chr., que dans cette écriture, dis-je, le fait énoncé se retrouve exactement, et est confirmé ainsi d'une manière très inattendue. Nous avons vu dans le texte que la petite ligne a été autrefois le signe d'une ancienne terminaison *masculine* P; la même ligne désigne ordinairement la *première personne* du verbe et du pronom possessif (pl. A. VII. n. 33. 41.) et détermine le pronom ⲀⲚⲞⲔ, moi, (pl. A. VII.c n. 19·), remplacée souvent dans cette signification par le déterminatif de la personne même. La même ligne enfin représente aussi le *nombre un* (pl. A. VIII.). Le segment de sphère nous est connu pour T comme signe du *genre féminin*; on le trouve souvent aussi comme *seconde personne* au lieu de K dans les verbes et le pronom possessif (pl.A.VII.c n. 34. 42.) (Voy.p e. la phrase pl.B.n.86. que Champollion cite dans sa Grammaire p. 205. d' un manuscrit funéraire hiératique: ⲘⲈⲒⲞ-ⲧ ⲙ' ⲛ-ⲓⲡⲓ-ⲧ; ⲥⲙ'-ⲧ ⲙ' ⲙⲥⲁⲡ-ⲧ ; Ⲁⲧ-ⲧ ⲙ' ⲣⲟ-ⲧ ; ⲱⲉⲙ-ⲧ ⲙ' ⲛ-ⲣⲁⲧ-ⲧ; tu vois avec tes yeux; tu entends avec tes oreilles; tu parles avec ta bouche; tu marches avec tes pieds.) On le trouve enfin comme *nombre deux* dans la désinence du duel ϯ qui a entièrement disparu dans la langue copte, ainsi que le T pour la seconde personne. Cet exemple nous apprend en même temps, de quelle importance l'étude du dialecte sacré des Égyptiens peut devenir pour la comparaison des langues.

R. LEPSIUS

[illegible]

TABLE DES MATIÈRES

—◆—

INTRODUCTION

Découverte des hiéroglyphes phonétiques.

§. 1. Découverte de Young.

§. 2. Découverte de Champollion.

§. 3. 4. La science égyptienne reposant sur cette découverte.

*Sur les différentes écritures des
Égyptiens en général.*

§. 5. Division des écritures. - L'écriture hiératique est une subdivision de l'écriture populaire.

§. 6. Division des dialectes. - Le dialecte sacré dans les écrits hiéroglyphiques et hiératiques ; le dialecte populaire dans les écrits démotiques et coptes. – Littérature hiératique.

§. 7. Littérature démotique.

ALPHABET HIÉROGLYPHIQUE.

§. 8. Le système hiéroglyphique est un *organisme.*

§. 9. 10. Division générale. – Il ne faut pas séparer les signes figuratifs et tropiques.

1. CARACTÈRES IDÉOGRAPHIQUES.

§. 11. Écriture purement phonétique des Mexicains et des Chinois.

§. 12. Les Égyptiens de même sont partis d'une écriture purement phonétique.

§. 30. L'arrangement calligraphique ; principale cause du double nombre des caractères écrits, en comparaison de celui des lettres prononcées.

III. CARACTÈRES INTERMÉDIAIRES.

§. 31-33. L'écriture égyptienne, renfermant les principes de toutes les autres écritures ; ne peut s'être développée ailleurs qu'en Égypte même. - Les trois principes réunis dans les caractères intermédiaires.

1. Caractères initiaux d'une valeur phonétique spéciale.

§. 34. Le signe originairement idéographique devient l'initiale du groupe phonétique exprimant la même idée. Pl. A. n. II.

§. 35. Il n'y a pas d'abréviations phonétiques.

§. 36. Caractères employés phonétiquement du temps des Romains. Pl. A. n. III.

2. Caractères initiaux d'une valeur phonétique limitée.

§. 37. Certains signes, originairement idéographiques, ne sont employés phonétiquement qu'avant certaines autres lettres, qu'il faut toujours restituer dans la prononciation lorsqu'elles sont omises. - Onze signes de ce genre dont la valeur n'était pas encore connue.

§. 38. Monosyllabes avec la ligne.

3. Caractères idéographiques prenant la seconde place dans un groupe phonétique.

§. 39. On mettait souvent la prononciation, exprimée par une lettre de l'alphabet général, avant un signe ou purement idéographique, ou idéographique-initial. - Il faut en excepter certaines lettres, comme le S transitif, et la feuille de roseau. -

4. Caractères déterminatifs.

§. 40. Besoin national de ne pas renoncer aux caractères idéographiques.

APPENDIX.

Not. A. (p. 19.)

SIGNES OU GROUPES

HIÉROGLYPHIQUES EXPLIQUÉS POUR LA PREMIÈRE FOIS
DANS LA LETTRE PRÉCÉDENTE.

CORRESPONDANCE DES PLANCHES AVEC LE TEXTE.

<table>
<tr><td colspan="2">Planche A.</td><td></td><td>d.</td><td>pag. 39.</td></tr>
<tr><td colspan="2">N.I.</td><td></td><td>10.a.</td><td>34.</td></tr>
<tr><td>1.a.</td><td>pag. 13.49.</td><td></td><td>11.a.</td><td>35.</td></tr>
<tr><td>b.</td><td>„</td><td></td><td>b.</td><td>31.49.</td></tr>
<tr><td>c.</td><td>44.</td><td></td><td>d.</td><td>53.</td></tr>
<tr><td>2.a.</td><td>13.</td><td></td><td>e.</td><td>54.</td></tr>
<tr><td>b.</td><td>„</td><td></td><td>f.</td><td>„</td></tr>
<tr><td>c.</td><td>„.46.</td><td></td><td>12.c.</td><td>„</td></tr>
<tr><td>3.a.</td><td>44.</td><td></td><td>13.a.</td><td>81.</td></tr>
<tr><td>b.</td><td>„</td><td></td><td>b.</td><td>53.</td></tr>
<tr><td>4.</td><td>„</td><td></td><td>c.</td><td>„</td></tr>
<tr><td>5.a.</td><td>12.</td><td></td><td>14.a.</td><td>54.</td></tr>
<tr><td>b.</td><td>14.18.44.</td><td></td><td>b.</td><td>„</td></tr>
<tr><td>6.a.</td><td>13.</td><td></td><td>c.</td><td>55.</td></tr>
<tr><td>b.</td><td>„</td><td></td><td>15.a.</td><td>54.</td></tr>
<tr><td>7.a.</td><td>„</td><td></td><td>b.</td><td>„</td></tr>
<tr><td>b.</td><td>12.</td><td></td><td>d.</td><td>81.</td></tr>
<tr><td>8.a.</td><td>44.49.</td><td></td><td>f.</td><td>„</td></tr>
<tr><td>b.</td><td>14.</td><td></td><td>N.III.</td><td>50.</td></tr>
<tr><td>d.</td><td>46</td><td></td><td colspan="2">N.IV.</td></tr>
<tr><td>9.b.</td><td>14.28.</td><td></td><td>1-7.</td><td>26.</td></tr>
<tr><td>10.</td><td>13.</td><td></td><td>8.</td><td>27.</td></tr>
<tr><td>11.a.</td><td>14.44.</td><td></td><td>9.</td><td>26.</td></tr>
<tr><td>b.</td><td>„ „</td><td></td><td>10.</td><td>28.</td></tr>
<tr><td>12.a.</td><td>„</td><td></td><td>11.</td><td>26.27.</td></tr>
<tr><td>b.</td><td>18. „</td><td></td><td>12.</td><td>33.</td></tr>
<tr><td>13.</td><td>„</td><td></td><td>13.</td><td>28.31.76.</td></tr>
<tr><td>14.a.</td><td>„</td><td></td><td>14.</td><td>30.57.</td></tr>
<tr><td>b.</td><td>„</td><td></td><td>15-19.</td><td>33.</td></tr>
<tr><td>15.a.</td><td>„ „</td><td></td><td>20.</td><td>28.</td></tr>
<tr><td>b.</td><td>„</td><td></td><td>21.</td><td>34.</td></tr>
<tr><td colspan="2">N.II.</td><td></td><td>22.</td><td>„</td></tr>
<tr><td>1.a.</td><td>75.</td><td></td><td>23.</td><td>28.</td></tr>
<tr><td>b.</td><td>49.53.</td><td></td><td>24.</td><td>25.27.31.</td></tr>
<tr><td>c.</td><td>35. „</td><td></td><td>25.</td><td>28.32.</td></tr>
<tr><td>e.</td><td>60.</td><td></td><td>26.</td><td>25.26.27.28.</td></tr>
<tr><td>2.a.</td><td>32.64.74.83.</td><td></td><td>27.</td><td>27.</td></tr>
<tr><td>3.a.</td><td>31.48.</td><td></td><td>28.</td><td>26.56.</td></tr>
<tr><td>c.</td><td>28.</td><td></td><td>29.</td><td></td></tr>
<tr><td>d.</td><td>49.</td><td></td><td>30.</td><td>„ „ 34.63.</td></tr>
<tr><td>6.c.</td><td>73.</td><td></td><td>31.</td><td>„</td></tr>
<tr><td>d.</td><td>„</td><td></td><td colspan="2">N. V.</td></tr>
<tr><td>8.b.</td><td>53.</td><td></td><td>1-24.</td><td>61.62.</td></tr>
<tr><td>d.</td><td>25.</td><td></td><td>3.</td><td>12.13.63.</td></tr>
<tr><td>f.</td><td>51.</td><td></td><td>25.</td><td>63-66.</td></tr>
<tr><td>9.a.</td><td>31.49.60.</td><td></td><td>26.</td><td>62.63.</td></tr>
<tr><td>c.</td><td>28.30.</td><td></td><td>27.</td><td>63-66.</td></tr>
<tr><td></td><td></td><td></td><td>28.</td><td>66</td></tr>
</table>